語り継ぐ戦後思想史

体験と対話から

清水多吉◉著

彩流社

目次

はじめに
忘れられて行く価値
忘れられない価値

歴史の流れはまことに残酷なものである。ある時には、絶対的に普遍的な意味を持っていると思われた諸思想や諸事件が、ある事態を契機にまったく相対的なものに引き下げられたり、あるいは無化されたりしてしまうことがありうる。勿論、その逆の事態もありうる。つまり、ある時にはほとんど無価値なものと思われていたものが、時の流れとともにますます重要性を持ってくるような事態である。

この一世紀半の近代日本史を例にとってみても、両者の立場の変遷はすぐにも例示することが出来る。絶対的価値が相対化されたり無化されたりする事例なら、こういった事例があるだろう。幕末のあの「尊皇攘夷」、明治期の「富国強兵」あるいは「統帥権の尊厳性」、日清・日露戦争後の一等国意識等々。大正期に入っての文化教養エリート意識、昭和期に入っての東亜連盟の盟主意識等々が、まさにその事例である。

これに対して、当時、それほど意識されていなかったものが、やがて、大きな価値を持ってくるものもある。幕末を例にとるなら、福沢諭吉の例の『西洋事情』（一八六六年）を一例として挙げておきたい。あの本の中の「万国博覧会」の記事の中で目立たないが次のような観察記がある。各国の「産物のこの大会」は物品売買のためのものではなく、各国が「相教《あいおし》へ相学《あいまな》ぶ趣旨」のものだというのである。本当はこの「万国博」は自国の優秀な物品を高く他国に売りつけることを目的としていたのだが、福沢に代表される日本側のこの謙虚な姿勢は後に高く評価されることになる。明治期に入っては、潰されてしまったが「民権思想」、大正期に入っての児童尊重意識（童話、童謡の全盛期）、昭和に入っての（東北冷害による）細民救済意識などを挙げてもいいだろう。

いささか、アト・ランダムに両者のさまざまな事例を紹介してきたが、歴史の流れによる流行《はやり》、廃《すた》れとは関係なく、人々の意識の中であまり変わることのない価値観をもって遇されてきた事態もある。今、それを人間の挙動に関係する言葉から拾ってみると、「コロブ」「オコル」「ヤム」などといった言葉にまといつく意味が、そうであるだろう。そのうちの一つ「コロブ」を例にとってみれば、この言葉は単に「転倒する」という意味以外に多くの意味を持っている。周知の通り、「コロブ」には「棄教する」「転向する」という意見の他に、芸者衆が闇売春をすることなどというはなはだ不穏当な意味まで含まれている。このように、この「コロブ」には総じて事態を否定的にとらえようとする意味が、終始、付きまとってきている。

本来なら、褒《ほ》められてしかるべき事態についてでさえ、この「コロブ」が付けばやはり否定的意味が擦《す》り込まれてしまう。例えば、近世初頭、キリシタン御禁制によって棄教したバテレン（パーデレつまり神父のこと）に対して、「転びバテレン」という蔑称を与えてきた。あの新井白石の尋問したシドチの例を考えてもらえればよかろう。棄教して御禁制のキリシタンであることを止めたのだから、幕府側からすればもともと褒めあげられてしかるべき筈なのに、何故かそうは遇されず、蔑称を投げつけられてきた。

棄教するに当っては、イエズス会系の信仰に疑問を持った者、あるいはそもそもキリスト教自体に疑問を持った者もあったはずである。そのことは、近世初頭の元和六（一六二〇）年、ハビアン（日本名、不干斎）著『破提宇子《はだいうす》』（キリスト教の神《デウス》を否定するという題名）に詳しく述べられている。どうも、彼の棄教の事情はイエズス会内での日本人パーデレの処遇に対する不満が原因であったらしいのだが。信じていたものが間違っていたとして棄教した日本人パーデレ、イルマン（修道士）は、彼以外にも多くいたであろうと思われるが、ハビアン以外にその名前は今日にほとんど伝わっていない。もっとも南蛮貿易の実利を求めて入信したキリシタン大名は別であるが。良い悪いは別として、「コロンダ者」の名を秘して語らないという思考性は、日本人の心性の伝統を為してきたのもまぎれもない事実のようである。

このような伝統的心性は、昭和初頭の「転向」問題を考える上でも重要な手掛かりとなるはずのものであった。と言うのも、言うまでもなく「転向」とは、伝統的心性から言えば、現代における「コロビ」だからである。図式的に簡単に言うと、「転向」とは当時のマルクス主義、別名ソ連マルクス主義からの「コロビ」であった。しかし、当時のソ連マルクス主義は、それから二〇数年後の第一次東欧動乱（一九五六年）以後は、いかに民衆にとって非なるものであるかが衆目の前にさらされ、更にそれからほぼ三〇数年後（一九八九年）には、音を立てて自滅してしまった。とすれば、昭和初頭の「転向」「コロビ」は、あの当時のままの倫理感で遇されていいはずがあるまい。

過ぎし大戦に狩り出され、多くの生命《いのち》を失ったあの「わだつみ世代」（戦没学生の手記『聞けわだつみの声』に由来する）よりも、数年から一〇年遅れて生まれてきたいわゆる「遅れてきた世代」と呼ばれるのが、私たちの世代である。私たちの世代は、戦後の実存主義や新しいマルクス主義思想（勿論、ソ連マルクス主義とはまったく違う思想）のミックスされた思想に鼓舞されて青年期をおくったものである。やがて、ドイツ系の同僚は「フランクフルト学派」あるいはその周辺の思想家に魅了され、フランス系の同輩は「構造主義」から「ポスト構造主義」「ポスト・モダン」論へと遍歴を重ねて行くことになる。そのような私たちの世代にとって、戦後の思想体験は、まず、戦前のあの「転向」問題（勿論、伝統的には「コロビ」の問題）についての問いから始まった。というのも、身の回りの先輩諸氏たちが、この問題で大声で罵りあっていたからでもある。

それとともに、やがて詳しく報告するように、ソ連マルクス主義への疑問は、「遅れてきた世代」の私たち世代が、直接、向き合わなければならない事態を迎えることになるからである。そのような体験は、ひるがえって、日本的伝統的心性に対する疑問にも繋がって行くことになる。というのも、昭和初頭の「転向」問題は、近世初頭のあの西欧的「デウス」からの離脱とはまったく違った側面を持つからである。西欧的「デウス」は今日もなお「デウス」として崇拝され続けている。それに対して、昭和初頭の「コロビ」で問われた「デウス」、つまり、普遍原理と思われていたソ連マルクス主義は、とんでもない「愚神」であったことが見抜かれてしまっているからである。そのような「愚神」に対する「礼讃」からの離脱を心に決めた者まで、「転向」「コロビ」の仲間に入れてしまっていいはずはあるまい。

ソ連マルクス主義を「愚神」と見なす傾向は、当時の西欧マルクス主義者たちにとってはむしろ一般的であったし、当時の日本共産党員の一部にもあった。とは言え、ソ連マルクス主義を「愚神」として距離をとる人達よりも、何が何だかよくわからないまま心情的にソ連マルクス主義に加担した人達の方が、むしろ一般的であったのではあるまいか。そのような人々にとって、「転向」だの「コロビ」だのといった科白《せりふ》は、一体どのような意味をもっていたというのであろうか。

以上のような問題意識に従って、まずは、昭和初頭のいわゆる「転向」問題についての検討から始めてみよう。

第一章　「転向」の諸相

第一節　さまざまな獄中体験

　昭和期に入っての日本共産党の本格的な活動は、あの関東大震災後、大正一五年一二月四日（一二月二五日には昭和と改元）、山形県五色温泉で秘密裡に結党されたことによって始まる。この時、ドイツ帰りの福本和夫は政治部長として重要なポストを占め、立党宣言まで書いている。この時、中央委員長に選出されたのは佐野文夫であった。

　この段階で巷間《こうかん》流布されていた「福本イズム」――党が前衛党として活動するためには多くの不純分子を分離させ、純粋な党として結束しなければならないとする論理――が、一応党の方針として採用されたようなものであった。何せ革命党などと称しても、この結党大会に集まった人数は二〇名内外でしかなかったというから、その力量は推して知るべしであった。この「福本イズム」に対決したのが、山川均に代表される「山川イズム」――党が前衛党として活動するなら、労働組合運動と結びつくべきであって、そのためなら解党してもいいという論理――というものであった。

大正一五年末の再建結党大会では、一応、「福本イズム」が採択された。その上で、この時、福本和夫は「二段階革命論」を主張していた。この論は、日本にまず必要なものは完全な「市民革命」であり、しかる後に「社会主義革命」を遂行するという論である。

ところが、この時、再建共産党と「福本イズム」に心よく思わない人物がいた。ソ連大使館員のジョンソンという人物であり、実は、彼はコミンテルンの密使であった。このジョンソンなる人物の報告がすぐにもモスクワに届き、コミンテルン執行委員会は、再建日本共産党の主要メンバーをモスクワに呼びつけることになる。日本問題の討議のためだとは言うが、実は、再建日本共産党の主要メンバーとその方針を断罪するためであった。昭和二年（一九二七）二月、再建日本共産党の主要メンバーは官憲の尾行をまいて、モスクワに到着する。そこで、コミンテルン執行委員会は、日本側の弁明を一切許さず、「福本イズム」の排除と、再建共産党の人事の入れ換えを指令する。ここでコミンテルンが特に福本和夫の排除にこだわったのは、彼がルカーチに代表される西欧マルクス主義の影響下の人物であったからである。

普通、ここまで蔑《ないがし》ろにされたら、「バカバカシクテ、ヤッテイラレルカ」という気持になってもおかしくはないはずだが、福本和夫はそうはならず、一党員として地道に党活動に専念する道を選ぶ。城南地区での地道な党活動で、福本とともに働いたのが、後、産経グループの総帥となる水野成夫、後、日本浪曼派に所属することになる浅野晃といった人々であった。

ところで、福本らがモスクワから帰ってみると、昭和三年二月二〇日、第一六回国会総選挙が実施され、無産各派は総計八名もの当選議員を出すほどになっていた。つまり、この一両年の間に左翼的心情はそれだけ浸透していたということであろう。このような事態に、官憲は秘密に日本共産党系に対する大弾圧を準備し、総選挙後の約一ヶ月後、この大弾圧を実行する。昭和三年三月一五日がその日であったので、「三・一五事件」と呼ばれ、翌年の昭和四年四月一六日にも再度大弾圧が加えられ、こちらは「四・一六事件」とも呼ばれている。

昭和三年の「三・一五事件」での日本共産党員の検挙者は一六〇〇余人、うち起訴された者四八四人。昭和四年の「四・一六事件」での同党員の検挙者は数百余人、うち起訴された者三三九人とのこと。それ以後の検挙者数を加えると、数千人から万余におよび、起訴された者は千数百人というところであろうか。これだけの数の検挙者となると、党員あるいはその同調者というばかりでなく、かなりいい加減な基準で検挙された者が多かったのではあるまいか。

福島県会津若松市で生れ、この市で中学高校時代をおくった私にも、近い親戚にこの時逮捕された伯父がいた。戦後になって聞いた話では、この伯父はあの小樽高商の出身であり、小林多喜二の同窓生で彼との多少の交友関係があったらしい。伯父はそれだけの理由で検挙され、すぐ釈放にはなったが、お陰で市内中学の教師の職を失ってしまったという。戦後、この伯父は新制高校の教師にもどったが、組合活動に熱心であったところを見ると、やはり、戦前の小樽高商の雰囲気を引き継いでいたのかも知れない。この時、私自身も新制高校生になり、大学受験を目指していたので、この伯父には目をかけてもらった思い出がある。

要するに、私の伯父の場合がそうであるように、戦前、大量検挙を豪語した官憲は、相当いい加減な理由で検挙を断行し、被起訴者はほんの一部という結果に終わったのではあるまいか。

さて、検挙され、不幸にして起訴された者はどうなったのか。まず、彼らは取調べのために警察署に拘留される。次いで裁判による刑の確定までの間、刑務所に未決囚として拘留される。更に、刑が確定すれば既決囚として刑務所に収監される。ところで問題となるのは、取調べのために拘留された警察の対応である。この警察の対応でも特に東京の諸警察の場合がこと更残酷なことで有名であった。というのも、東京で逮捕された者のあらかたは党の指導者であったり、あるいは指導部に近いところで活躍していた人物が多かったからであろう。警察でも地方の警察となると、それほどの残酷さは伝えられていない。この点は明記されておいてしかるべきであろう。

例えば、あの福本和夫の場合、昭和三年に逮捕され、逮捕後四年間も市ヶ谷刑務所に未決囚として収監され（昭和七年九月）、取調官から眼球がはれあがり、しばらく目が見えなくなるほどの暴行を受けている。それから数ヶ月後、逮捕されていた小林多喜二は築地警察署に収監され、暴行を受けて遂に死亡（昭和八年二月）するに至っている。死後、友人宅に帰された死体に多くの痛ましいアザの残っている写真が、戦後公表され、築地警察署の暴行がどんなに残虐なものであったかを物語っている。東京の他の警察署も大同小異であったらしい。

さて、既決囚として地方の刑務所に送られた場合はどうなるのか。福本の体験によると、東京から離れるにつれて刑務所の取扱いは寛容になって行ったとのことである。所によっては、所長交替の時など、所長がわざわざ国事犯のところに挨拶に来ることさえあったとのこと。福本が釧路刑務所に送られた時などは、受刑者の食糧自給のため、畑仕事でジャガイモ作りをさせられ、更には豚飼いまでさせられたという。おかげで受刑者たちは、「今日もジャガ豚の食事か」といってボヤクほどであった。勿論、既決囚の図書閲覧は禁書以外かなり自由であったとのことである。

福本の場合について更に言うなら、昭和一六年六月、千葉刑務所において、老母逝去の報せを聞いたという。勿論、福本はその報せに慟哭した。すると、刑務所側は懲役作業を三日間休みにしてくれ、かつ、白木の位牌を差入れてくれた。そこで福本は看守に刑務所内の庭に咲くナデシコの花をもらい、位牌に供えて、獄中で亡き母の供養をしたとのことである。戦後になってもなおも福本に悪意を持つ日本共産党系の左翼歴史家は、そんな処置は福本を籠絡するための手段にすぎなかったではないか、と言い張っている。しかし、獄中一三年目の昭和一六年段階で、当局が福本から聞き出すべきものなど無くなってしまっていたはず。したがって、このような処置は地方刑務所のわりかしヒューマンな対応と捉えるべきではなかろうか。

勿論、前にも指摘しておいたように、東京の各警察署あるいは未決囚収容の各刑務所の逮捕者に対する対応は、苛酷を極めていた。特に日本共産党幹部の収監されている警察署での取調べは異常なものであった。ところが、あまり知られていないが、その異常な取調べに対する収監者たちの反応もまた異常なものであった。その実情を伝える以下の話は、川西政明著『新・日本文壇史』第四巻六五頁（岩波書店、二〇一〇年刊）に依るものである。

「埴谷雄高の友人、俳優吉谷慎《よしたにしん》が築地署にいる時、テロられた小林多喜二が留置場に下ろされてきた。その呻き声とともに〝日本共産党万歳〟という絶えざる叫びが留置場に轟き、一種、異常なショックを引き起した。吉谷はあんなヒロイズムに溺れていては駄目だといって慨嘆する語気をもらした」

このような事態は、半年前の市ヶ谷刑務所（未決囚収監）でも同じであったそうである。党員がテロられ留置場に戻されてくる度毎に――テロられて重傷を負った福本和夫の場合も同じ事ながら――留置場には、〝日本共産党万歳〟の合唱が轟きわたったという。それを叫んでみたとて、誰も聞く相手のいない留置場でのことである。福本和夫は、この指令が当時の日本共産党のトップ市川正一（一九二七年一月、中央委員会責任者に選出）から出されていたことを知っていた。その上で、福本は何たる馬鹿げた対応かと不快感を感じていたという。

再び埴谷雄高に戻る。彼は昭和七年三月に逮捕され、昭和八年、懲役二年執行猶予四年の判決を受けて出獄している。その彼の後年の言によると、「こう（日本共産党万歳の合唱）でもしなければ、テロに対して〝自我〟が保てなかったのだ」とのこと。つまり、彼もまたテロられた苦しい体験を持っているからこそ、テロに対するあのような態度は、「自我」が保てるか否かの問題であり、日本共産党の態度が「社会的正義」を貫いているかどうかの問題ではなかったと感じていたのである。

ちなみに付け加えるなら、埴谷は、この時保とうとした「自我」に対して、出獄後、非常な不快感を示している。彼の有名な「自同律の不快さ」、つまり、自明なはずの「私は私である」ことに対する「不快さ」は、このような苦い体験に由来している。彼の戦前の小品から戦後の大作『死霊』をも貫く、この「自同律の不快さ」を、難解であるとする読者諸氏が多い。だが、彼のこの獄中体験を考慮してみれば、理解に容易なはずである。なお、この問題は戦後思想史を語るところで、再び問題にしてみるつもりである。

それにしても、あの時の東京中心部の各警察署、各刑務所の無法なテロルは絶対に許されるべきものではない。だが、聞く相手のいない密室状態の中で、相手をますます挑発するごとき大合唱を指揮し、その結果、テロルを強化させるだけで終わった日本共産党指導部の指示は、どう評価されるべきなのだろうか。

当時、コミンテルンは「三一年政治テーゼ」（社会主義的革命騒乱をすぐに作り出せという指令）を出しておいて、その後、「三二年テーゼ」（まず民主主義革命を徹底させ、その後に社会主義革命を遂行せよという指令）という、まったく異なるテーゼを臆面もなく各国共産党に押しつけていた。獄中にあったにせよ日本共産党主流派はそれを唯唯諾々と受け容れていた。福本の場合は獄中にあって主流派のこの態度を苦々しく思っていたという。この際の獄中主流派の代表はあの徳田球一であったらしい。

ところで、獄中にあって外部のコミンテルン指令を受けとめるだの、相互連絡だのといったことが可能であったのだろうかと訝《いぶか》られる向きがあるかも知れない。どうもそれらは十分可能であったらしい。東京以外の場合なら、共同作業のあい間に、共同清掃作業のスキに、あるいは図書閲覧の際に、瞬時の相互連絡、情報交換が十分に可能であったとのこと。釧路刑務所などでは収監者の要望に応じて、ＮＨＫのニュースまで聴取可能にしてくれたのだそうである。

さて、このような状況の下で、党主流派からは孤立していた福本和夫を、更に拘禁して置くべきかどうかの裁判が東京地方裁判所で、昭和一七年一月一六日に開かれた。この時、福本は千葉刑務所に収監されていたのだが、この裁判では取調参考人として、千葉刑務所看守部長が出廷し、裁判長に向って次のように証言している。

問、福本ハ千葉ニ居タ共産主義ノ収容者ノ連中ト較ベテ、日常ノ言語態度ニ何カ変リガアッタカ

答、福本ハ非常ニ人格者デ、他ノ受刑者トハ、カケハナレテ居ル様ニ見受ケラレマシタ、看守等ニ対シテモ非常ニ従順デ、保健技師、教誨師、担当ノ部長ナドモ、ミナ福本ニハ好感ヲ持ッテ居タ様デス」

（奥平康弘編『昭和思想統制史資料』第三巻、生活社より）

福本は獄中にあって読書する時は、常に正座であり、まるで幕末の志士を思わせる姿であったという看守の報告もある。後年、福本本人が私に語ってくれた述懐によると、正座している方が読書には好都合であっただけのことであり、別に何らかの意図があってのことではなかったのだそうである。これに対して、常に主流派からはずれようとしなかった徳田球一は、性格がガサツであり、いつも窓口に背を向けて寝そべっており、看守が呼び掛けてもロクな返辞さえしなかったとの証言もある。

第二節　ゴーリキーの不可解な死

前の節では、デタラメな方針を乱発する「愚神」コミンテルンの方針に従った日本共産党及びその周辺知識人の、主流派と反主流派の位相《ファーゼ》の違いについて考えてきた。この位相の違いは文化面、文学面となるとよりはっきりしてくる。そしてまた、この位相の違いからする「転向」「コロビ」の捉え方もまた違ってくるはずである。この節では、文化面、文学面での主流派、反主流派の位相の違いを考えてみる。

先ほどコミンテルンの「三一年政治テーゼ」と「三二年テーゼ」がいかに矛盾するかを、指摘しておいた。この二つのテーゼとも、東アジアの歴史認識については、まったくの無知、無理解の産物であった。したがって、中国共産党の毛沢東はコミンテルンから派遣された人物の指導をまったく無視してしまう。コミンテルン指示を無視した毛沢東は、歴史変革の主体を都市労働者に置くのではなく、遠い陝西《センセイ》省の延安の農民に置くことになる。他方、この矛盾した二つの「テーゼ」を福本和夫は、獄中で憮然たる思いで聞いたという。獄中にあってそんなニュースをどこから聞いたのかなどと詮索する必要はない。獄中のニュース網については前節で述べておいた通りである。

周知の通り、西欧世界でファシズムの擡頭が著しくなってくると、「愚神」コミンテルンの方針はまたまた揺れ動く。それまで主要敵の一つと見なしていた各国社民党への態度を、これまた一変させ、人民戦線結成のため各国社民党系との共同歩調を取るよう呼びかける有様であった。しかも、第二次大戦初期のフランス共産党のように、この大戦はブルジョアジー相互の戦いであるから、われわれは関係しないと嘯《うそぶ》く共産党まで現われる有様であった。このようなコミンテルンの迷走、各国共産党の無責任ぶりを何と評したらよいのであろうか。

次に、そのような事態を文化面、文学面に限定して語ってみると、問題はより鮮明になってくる。

＊　＊　＊

皆さん方は、戦前のプロレタリア文学の傑作（?）の一つと言われている小林多喜二の『蟹工船』を読んでご覧になったことがおありだろうか。この小説は、当時、非合法であった日本共産党の代行機関であった「ナップ」（全日本無産者芸術連盟）の機関誌『戦旗』の昭和四年（一九二九）、五月と六月号に発表されたものである。しかも、プロレタリア文学の代表作として、今日、どんな「昭和文学全集」にも収められているので、容易に手にとって読めるようになっている。

しかし、今、問題にしようと思っているのは、この『蟹工船』という小説そのものではない。取りあげたいと思うのは、この小説の展開の過程で、リフレインのように歌われている次の歌のことである。

昼でも　夜でも　牢屋は暗い
いつでも鬼めが

ああ、ああ窓からのぞく」
（作詩・ゴーリキー、訳詞・小山内薫）

この歌は地獄のような『蟹工船』内部の雰囲気をよく伝えてくれている。しかも、この歌は小説中で何のことわりも無しに使われているが、小林多喜二の創作ではない。実は、この歌はM・ゴーリキーの『どん底』の中で歌われている歌である。ゴーリキーのこの『どん底』は、明治の末から大正期にかけて、小山内薫の「自由劇場」によって度重ねて演じられてきた。したがって、大正期から昭和初頭の青年たちにとって、この歌はお馴染みの歌になっていたといっていい。しかも、この歌は第二次大戦後の、私たち学生青年たちが、デモ行進する際によく歌ったほど、歌い継がれてきたものでもある。もっとも、当の小山内薫自身は、この『蟹工船』発表の前年にこの世を去ってはいるが。

ところで、『蟹工船』は何故に断りも無しに、翻訳劇であるゴーリキーの『どん底』の一つの歌を持ってきたのであろうか。それは、ゴーリキーの名前と彼の作品が日本ではお馴染みになってい た、ということもあるだろう。しかし、それ以上に彼の名前はスターリン時代の到来とともに、プロレタリア文学の代表者名、というよりもっとはっきり言えば、一九三二年頃に定着することになる所謂「社会主義リアリズム」の驍将と見なされるようになっていたからである。

結論から先に述べておこう。これはとんでもない誤解であった。ゴーリキーが「社会主義リアリズム」の期待を担ったことなど一度もない。勿論、あのネップ時代に様々な傾向の文学が一斉に花咲いた。だからこそ、その時代の後を受けたスターリンにとって、革命一〇周年（一九二七年）頃を境にして、強力な政治体制、強力な経済統制の確立が望ましかった。その新しい政治、経済方針が第一次五ヶ年計画（一九二八－三二年）であった。しかし、この五ヶ年計画は失敗であった。特に農業部門の失敗は惨憺たるものであり、国内では飢餓が迫り、政治的不満は鬱積していった。それを強硬弾圧によって乗り切ろうとしたのがスターリン体制であった。彼の強権政治は特に思想、文学の次元では、比較的にとりやすかった。

まず、スターリンはA・ジュダーノフ政治局員に代表される取り巻き連中によって身辺を固めさせる。その上で、ネップ時代の多彩な作家と作風を統一し、スターリン政策に忠誠を誓わせることを目的に、一九三二年四月、すべての作家を「ソヴィエト作家同盟」に加入させることを決定する。この時、スターリンとその取り巻き連中が「作家同盟」の基本方針として指示したのが、「社会主義リアリズム」論である。これを要するに、ソヴィエト作家はその作品活動に当たって、「真実を書けば」必ず「社会主義に至るという風に作品活動をせよ」というのである。このような方針の下に「ソヴィエト作家同盟」を強引に組織し、組織した作家たちを納得させるためには、ある有名作家を利用するにしくはないと考えられた。その作家とは旧帝政ロシア時代からソヴィエト革命期を生き抜き、国際的知名度も抜群のM・ゴーリキーであった。このようにして、「作家同盟」はゴーリキーをトップにいただき、一九三四年八月、第一回「全連邦ソヴィエト作家大会」を開催することになり、以後の作家たちは「社会主義リアリズム」の原則に従って、作品活動をすべきことが決議されることになる。

ところがである。一九三二年に結成された「ソヴィエト作家同盟」の申し合せ、あるいは三四年八月の「全ソ連作家大会」のスローガンである「社会主義リアリズム」論に、ゴーリキーは、ことごとく不満を漏らしていたらしい。それもそのはず。例えば、彼のあの『どん底』などを「社会主義リアリズム」感覚などで読むというのは、とんでもない誤読だからである。

この『どん底』が日本で初めて舞台にかけられ話題を呼んだのは、小山内薫《おさないかおる》が「自由劇場」集団を率いて、明治四三年一一月、有楽座において『夜の宿』という外題で上演した時のことであった。それ以来、昭和三年の小山内の死に至るまで何回となく上演され、更には彼の死後の昭和四年の追悼公演でも上演されたものである。その意味では小林多喜二がこの『夜の宿』の挿入歌を自作に採り入れた時には、皆が良く知っている歌になっていたと言っていい。ところで、これほど有名になっていた『夜の宿』（原題『どん底』）にたむろするどん底生活者たちの一人に、バクチ打ちのサーチンという男がいる。この劇中で重要な人物の一人である。その彼の語るゴタクめいた科白を聞いてみよう。

「人間は何事にも自分で支払いをつけて行く。だから人間は自由なんだ！」

「にんげん！　人間は尊敬しなくちゃならねえよ！　憐むべきものなんかじゃねえ。憐れんだりして安っぽくしゃならねえよ……。」

このヨッパライで、バクチ打ちのダメ男のわめくタワゴトが、実は『夜の宿』の最重要な場面となる。だから小山内薫の演出では、このダメ男のサーチン役を、当時、歌舞伎界から新劇に転出してきた名門俳優の市川左団次に割りふっていたのである。勿論、小山内薫のこの演出は原作者ゴーリキーの意図に適《かな》うものであった。

ゴーリキー自身がこの場面を重要視していたということは、『どん底』生活者の描写が「社会主義社会」への道を暗示させるべきだなどという方法とは、かなり違っていることが解っていただけただろうか。彼の立場は、ボルシェヴィキというよりエス・エル（社会革命党）の立場に近かったとも言われている。彼のこの立場は、彼が世界的名声を獲得した後でも変りはなかった。したがって、彼があのレーニンに批判されていたこともまた有名な話であろう。ところで、一九三〇年代に入ると、当時のソ連文壇では彼ほどの世界的知名度を持つ者はいなくなってしまっていた。「社会主義リアリズム」などとはかなり違うこのようなゴーリキーを勝手に利用しようとしたのは、むしろ、スターリンとその取り巻き連中の都合であった。しかし、ゴーリキーと彼らとの暗闘の記録は残念ながら残されてはいない。

ところで、スターリン独裁体制による血の粛清が全国的に展開されることになる一九三六年六月一八日、文化部門でも最初の犠牲者が出ることになる。なんと、あの「ソヴィエト作家同盟」の教祖に祭りあげられていたM・ゴーリキーがその人であった。しかも、彼は彼の息子もろともに何者かによって殺害されてしまったのである。さて、このニュースだけは世界中に配信された。では、このニュースを受け取った日本の左翼陣営はどのような反応を示したのであろうか。第二次世界大戦後もかなりたった昭和三五年六月刊の『演劇百科大事典』（平凡社刊）の中で、黒田辰男なる人物は、次のように書いている。

「(彼は)、三二年のソヴィエト作家同盟第一回大会には議長を勤めて、ソヴィエト文学運動の指導者として活躍したが、一九三六年六月一八日に、ヒトラーの秘密警察とむすんだ国際的な反革命勢力によって謀殺された。」(第一巻五二六頁)

昭和三五年（一九六〇）といえば、あのフルシチョフによってスターリン批判（一九五六年二月）が展開され、続いて東欧動乱（同年一〇月）が発生し、スターリンの暴政が白日の下に晒されて数年も過ぎているのである。それなのに、「ヒトラーの秘密警察と結んだ国際的な反革命勢力」がモスクワにまで及んでいたというのであろうか。あまりにバカバカしくて論評する気にもなれない。したがってこの記事は、なおもソ連共産党の方針に盲従していた当時の左翼の一部の悪しき記念記事として、長く記憶に留められるべきものだろう。だが、良心的な出版社である平凡社の名誉のために、同社の発行した『世界大百科事典』（一九八八年度版）の「ゴーリキー」の記事を拾ってみよう。

「(彼は数年間イタリアのソレントに住み)、三三年五月帰国、翌年スターリンの要請でソ連作家同盟結成に尽力、議長となる。三六年病死（毒殺説もある)。」

この記事は、いよいよソ連社会主義体制が自滅する一九八九年の直前に書かれたものである。まだ確定的なことが言えないモドカシさが如実に示されており、三六年病死の後に下手人を明記することなしに「毒殺説もある」と付け足している。この「事実」が発売された直後、ロシア大統領ゴルバチョフのあの「グラスノスチ」(情報公開）によって、ゴーリキーとその息子は、ともどもスターリンの指示によって殺害されたものであることが公表された。

それは二〇世紀末になって判明した事実ではないかと反論される向きもあるかと思う。確かにそうには違いないが、戦前にだって、逮捕をまぬがれた日本共産党員とその同調者でもない限り、ゴーリキーの死に疑いをもった左翼人は多くいたのである。次にその例をあげてみる。

ゴーリキーの死の情報をえて、日本でも彼の追悼集会がもたれることになった。主催者は秋田雨雀であった。彼は、島村抱月と松井須磨子のあの「芸術座」にも関係しており、小山内薫の築地小劇場運動にもかかわりをもっていた演劇人（演出家）であった。ところで彼は、一九二七年のソ連革命一〇周年記念に演劇人として招待され、あの赤の広場を見下ろすヒナ壇にスターリンと並んで手を振ったことを自慢げに吹聴するような人物であつた。

このような人物の主催する追悼集会であるから、ゴーリキーの死は国際反革命陰謀団の仕業であり、あわせて「社会主義リアリズム」の偉大さを顕彰する会になるはずであった。ところが秋田雨雀の期待に反して、この追悼集会では異議が続出し、集会そのものも大混乱で幕を引かざるをえなかった（『雨雀日記』）という。当り前のことである。明治末以来、あの『夜の宿』（つまり『どん底』）で目の肥えていた日本の観客が、コミンテルン、プロフィンテルン直伝の秋田らの方針に拍手で応ずるはずがなかった。秋田らの方針に盛んなブーイングのみならず、明らさまに反対の罵声まで飛びかい、遂に大混乱で終わらざるをえなかった様子が目に浮かぶようである。

秋田雨雀は、このような事情を理解しようとはせず、戦後になってもコミンテルンの後のコミンフォルムの代弁者的発言を繰り返していたものであった。しかも、あの一九五六年の東欧動乱に際しては、あれはアメリカ帝国主義の陰謀だなどと主張し、われわれ若い学生青年たちからの失笑や反感を買ったものである。

勿論、戦前から戦後すぐの時期にかけて、スターリン体制推賞の「社会主義リアリズム」を語るに最もふさわしい人物が、秋田雨雀の他にいた。何といっても秋田雨雀は演劇人であり、理論家ではなかったからである。その人物とは蔵原惟人《くらはらこれひと》のことである。

彼、蔵原惟人は、昭和四年、プロレタリア文学者とはいいながら、なおも豊かな抒情性をもっていた中野重治を叩き、プロレタリア文学における政治の指導性を強く主張して、頭角をあらわしてきた人物である。その後、蔵原はソ連に密入国して第五回プロフィンテルンに参加し、昭和六年（一九三一）一一月に帰国する。したがって、彼は一九三二年に結成されるあの「ソヴィエト作家同盟」への動きをあらかじめキャッチし、この同盟のスローガンが「社会主義リアリズム」であるべきとするソ連文化当局の動きもかなり正確に受け止めて、帰国したと思われる。ただ、彼は昭和七年（一九三二）四月に逮捕され、昭和一五年（一九四〇）に出獄してくるまでのほぼ七年間獄中にあったため、一九三六年六月のあのゴーリキー謀殺事件についてはまったく知るところではなかった。その後、彼は、戦後の昭和二二年（一九四七）、日本共産党中央委員となり、戦後の文学運動にどのような影響を与えることになるかは、後ほどやや詳しく述べてみるつもりである。

以上のような事実関係を予備知識としてもってもらった上で、次に、この論考の主題の一つである「転向」「コロビ」の問題について述べてみようと思う。

第三節　いわゆる「転向」「コロビ」

あの戦争から七〇年の歳月が流れた今日、いまさら「戦争責任」論だの、「転向」論だのといった問題を論じてみても、何ほどの意味があるのかと訝《いぶ》かしく思われる向きも多かろうと思う。確かにそうかも知れない。しかし、この問題を問うことは、日本人の心性のある側面を問うことであるということを、これまで何度か述べてきた。とすれば、「転向」を日本人の心性についての批判から問い直すことは、是非にも必要なことであると思われる。しかも、七〇数年の歳月を経たからこそ見えてきた問題もある以上、この種の問いを立てることはこれまた是非にも必要なことではあるまいか。

そこで、まず問題を五つほどのグループに分けて、その一つ一つに若干の考察を加える形で話を進めてみたい。

(1)　いわゆる「非転向」について

その方針が二転三転して定まらず、その度ごとに大量の虐殺者を出していた恐るべき「愚神」コミンテルン。そのような事態は、当時、わからなかったとは言わせない。あの秋田雨雀主催のゴーリキー追悼集会を大混乱に落し入れたようなコミンテルン非公認の左翼人は、当時でも数多く存在していたのである。そのような声にも耳を貸さず、何の批判もなくコミンテルンの方針に唯唯諾々と従うだけの「非転向」組は、やはり「節《せつ》」を守った者として称賛されるべきなのか。それとも、彼らの守った「節」とやらは、現実との葛藤を含まない、ただ観念上だけの「節」ではなかったのか。しかも、そのような観念上の「節」とやらは、戦後に至るとさまざまな独善意識に上塗りされた「節」になってくるとすると、そのような「非転向」組にはどう対応すべきなのか。

「非転向」組の「節」とやらは、観念上だけの「節の上滑り」と批判したのは、戦後の吉本隆明であった。しかし、当時のスターリン体制に何の疑いも持たなかった彼らの「節」は、単に「節の上滑り」という吉本の批判に加えるに、独善的観念上の「節の上滑り」と評すべきではないのか。現実をリアルに描けば、必ず「社会主義」に辿りつくなどということはありえない。人々の心性上、現実をリアルに追求すれば「アナーキズム」に至る場合だとてありえないことではないだろう。そうはさせないために政治が文学上でも強権を振うべきだというのが「社会主義リアリズム」であり、日本では蔵原惟人らが主張した「プロレタリア・リアリズム」のゴリ押しではなかったのか。

第二次世界大戦後のソ連文学者としては、勿論、多くの有名作家の名前が挙げられるだろう。しかし、あの第一次東欧動乱期に大学生になり、吉本隆明世代よりもう一つ若い世代に属する私たち世代にとっての戦後ソ連文学者といえば、エレンブルクの『雪解け』（一九五四年）、パステルナークの『ドクトル・ジバゴ』（一九五六年）、ソルジェニーツィンの『イワン・デニーソヴィチの一日』（一九六二年）といった作家たちとその作品群であった。この間、エレンブルクがソ連文壇や官製報道機関から袋叩きに合っていること、またノーベル文学賞まで受賞したパステルナークが「ソ連作家同盟」から除名されてしまったことなども、日本の報道やロシア文学専攻の友人から直接聞き出して知っていた。それでもなお「社会主義リアリズム」などを臆面もなく主張している（さすがに、私の学生時代になるとこんな科白を吐いている連中は少なくなっていたが）連中を、私たちの世代は大声で嘲笑《あざわら》ったものである。

(2)「非転向」組に対する「転向」組

いわゆるこの「転向」組についてはさまざまなタイプがあったようである。まず、中野重治と福本和夫の場合を考えてみよう。この二人は偽装「転向」の代表例と言える。

中野重治は、昭和九年五月に豊多摩刑務所を出所するまで逮捕、投獄は二度にまで及んでいた。彼は豊多摩刑務所を出所してくると、すぐさま三つの作品を書く。そのうちの一つ「村の家」の中で「転向」の理由が述べられている。

その内容を要約すれば、中野の場合の「転向」は、まさしく日本的現実に引きずられてのものであったという。ということは、中野の場合、あくまでも作家として日本的現実にぶつかり、そのための挫折感の結果として偽装「転向」を選んだというのである。中野の文学上のこの立場を、文学上の小林多喜二の『蟹工船』のある場面と比較してみればよろしかろう。『蟹工船』の中で、偶然、極東ロシア人と出会う場面が出てくる。そのロシア人の語る「ソ連社会主義」礼賛の言葉は、いかにも現実離れしていて、ウソッポク、白々しい。小林多喜二にオホーツク海海上でロシア人と遭遇した経験などはない。あの場面はあくまでも小林の観念の上で作りあげられた「現実」でしかない。これ対して、中野のぶつかった「現実」は、観念世界を切り崩すほどの力を持っている。

中野重治は、目の前のこのような「現実」を豊かな感受性でくるんで、自分の詩作や小説作成の原動力にしていた。そのため、蔵原惟人との間の「プロレタリア・リアリズム」がどうのこうのといった論争での敗北など、ほとんど気にかけていなかった。私は、苦々しい挫折と「転向」の後の、中野の次の詩が大変好きである。

あかるい娘ら
わたしの心はかなしいのに
ひろい運動場には白い線がひかれ
あかるい娘たちがとびはねている
わたしの心はかなしいのに
娘たちはみなふっくらと肥えていて
手足の色は
白くあるいはあわあわしい栗色をしている
そのきゃしゃな踵《かかと》などは
ちょうど鹿のようだ

この詩は、戦後の昭和二二年七月、筑摩書房からの「全集」より取り出したものである。実際この詩が作られたのは、多分、戦前のある時期、いわゆる偽装「転向」後のそれほど日のたっていない頃であろう。私事にわたって恐縮だが、この詩が発表されてから一〇数年後、私は妹を無残な交通事故で失った。その時、誰の詩よりも中野のこの詩が思い出されてならなかった。

新時代の文学論争だというフレコミで、戦前、中野重治を叩き、以後、プロレタリア文学理論のチャンピオンにのしあがる蔵原惟人は、本当は、むしろ中野重治にコケにされたようなものではなかったのか。極端な言い方をするなら、あの「プロレタリア文学」論争で、中野は「はい、はい、マケマシタ」、ですからこれ以上無意味な論争を続けても何ですから、蔵原氏とは「ホドホドノ妥協ヲハカッテ行キタイト思イマス」というのである。

中野重治との論争で勝利を占めた蔵原は、それ以後「ナップ」の芸術理論のみならず、戦後のマルクス主義芸術理論の指導的位置を確立して行く。だが、蔵原の持ちこんだ「社会主義リアリズム」論などは、戦後のある時期以降、ソ連文壇でさえ批判の対象とされることになった話は、既に述べておいた。ましてや、戦後の日本では、かなり早い時期からバカバカしくて話題にすらならない状態に立ち至っており、今日では昭和文学史上の一コマ以上の話題でしかない。それに対して、蔵原惟人に叩かれて負けたはずの中野重治の方は、今日もなお語り継がれ、読み継がれている事実をよくよく考えていただきたい。中野が挫折したと思った「日本的現実」が、今なお思想、文学の主要テーマとなっているからなのかもしれない。

(3)　『転向』組のもう一つの例

次に、福本和夫の場合について考えてみよう。福本の場合の「転向」は、日本共産党主流派（とはいえ、その大部分は獄中にあったが）のコミンテルンへの忠誠に対する反発からのものであった。

そもそも福本の思想的スタートは、「愚神」ソ連マルクス主義からのものではなく、「愚神」によって「邪神」と極めつけられた西欧マルクス主義、なかんずくルカーチあるいはコルシュからのものである。特にルカーチの影響は絶大で、あのドイツ実存主義者ハイデッガーの『存在と時間』にまで影響を与えたという研究者までいるほどである。ここは現代哲学史を論ずるところではないので、ルカーチの影響力がどれほど大きかったかの指摘だけで止めておきたい。そのような影響力をもった西欧マルクス主義を、「愚神」たるソ連マルクス主義が黙って見過ごすわけにはゆかなかった。西欧マルクス主義の影響下にある福本和夫を、コミンテルンはモスクワに呼びつけ、異端として断罪した事実も既に述べておいた。

したがって、福本和夫の場合の偽装「転向」は、ソ連マルクス主義からの離反と見れば許し難いことではあろうが、本人自身にはマルクス主義からの離反の意識はない。ただし、彼にかっての「福本イズム」の持っていた高度な観念性に対する反省の自覚が獄中にあって大きくなってくる。おそらく、これは昭和の初頭、城南の大井地区細胞長として日常的実践活動の中で芽生えてきた思いであったのだろう。なにせ、この地区は首都圏有数の中小企業の集結場所であり、そこで働く人々は大企業労働者というより、伝統的職人的労働者が多く住む町であったからである。

昭和三年六月に逮捕され、何と獄中一四年の歳月をおくる福本は、獄中にあって柳田国男に心ひかれて行く。柳田国男の諸文献は刑務所内の図書室でかなり自由に閲読可能であったという。福本は柳田国男に依りながら、目線をより低いものにして行こうとする。出獄後、福本は各地の産業の「技術《テクニク》」の追求というより、その基礎になる「手職《メティエ》」の研究に精を出して行く。多くの産業史家

（勿論、マルクス主義史家まで含めて）が忘れていた「手職」の収集、研究で大きな成果をあげることになる。特に、幕末の捕鯨マニュファクチュアにおける各種の「手職」の追跡では、他人の追随を許さないほどのものであった。勿論、戦後も彼が西欧マルクス主義者（ソ連マルクス主義では断じてない）として、日常的実践活動を行っていたのは言うまでもない。ところが、福本和夫のこのような動向もまた「転向」の事例として批判の対象とされてきたのである。

と考えてくると、「転向」とは一体何であったのかを、もう一度考え直してみる必要がありそうである。要するに、ソ連マルクス主義からの逸脱のみを「転向」というのなら、最後まで「愚神」に引きずり廻された「非転向」組にまといつく下卑た倫理観を、一体何と表現すればよいのであろうか。

⑷　「日本浪漫派」的「転向」の事例

更に、あの「日本浪漫派」（昭和一〇年三月－昭和一三年八月）にまつわる「転向」の事例について考えてみよう。この雑誌は、左翼的経験はあるが、逮捕されるほど踏み込んだ闘争歴は持っていたわけではない保田與重郎を主幹とし、あの「新人会」に属し、後「ナップ」運動に参加して逮捕され、挫折感をあじわった亀井勝一郎の協力をえて創刊されたものである。戦後、橋川文三は名著『日本浪漫派批判序説』（昭和三五年刊）の中で、この派の文学理念を「耽美的パトリオティズム」と名づけたことがある。その通りだと思う。ものみなが「転向」する季節に、この派は西欧的知性からきわめて日本的情感の世界に移り、この情感を高らかに謳いあげたものであった。主として彼らの日本古典にみる「美」の追求は、当時の青年たちの魂を深くゆり動かすほどのものであったという。この点、直輸入のソ連マルクス主義の諸理論（いわゆるあの社会主義リアリズム）を、日本のいかなる感性とも結びつけることなしに、ストレートに文学理論に仕立てあげた蔵原らの論とは、その成り立ちからして違う。日本的感性に結びつかなかったために、「社会主義リアリズム」は「愚神」がコケれば、たちまちその信徒もコケてしまった。とはいえ、日本的感性、情感に依った保田與重郎らが、やがてあの大戦への加担、協力にまで至ったのもまたまぎれもない事実である。

とするならば、彼ら「日本浪漫派」は、「転向」後の戦争協力者として、断乎、断罪されるべきなのであろうか。戦後になって、そのような声があがってきたのも事実である（杉浦明平に代表される）。だが、そのような声に対する反発もまた起こってくる。「日本浪漫派」に共感を示しつつ、戦地に赴いたいわゆる「わだつみ世代」の大方《おおかた》がそうであった。この世代は、「日本浪漫派」的心情を全否定することは、自分たちの青春が全否定されるのに等しいとして反発したのである。例えば、戦後になっても「ロマン主義者」を自任し、割腹自殺で終わった村上一郎、「日本浪漫派」的情感に限りなく自分の青春を重ねた橋川文三などがそうである。

「わだつみ世代」より、もう一つ若い世代の私たちは、橋川文三や吉本隆明らを身近かに感じて学生時代をおくった。私たちは、誤てる観念にしがみつき、その観念を空廻りさせながら「非転向」を誇ることより、心のどこかで誤っているかも知れないと思いつつも、日本的情感である「美的パトリオティズム」に自己投企して行った「わだつみ世代」の生き様《ざま》に——その多くは生きて帰らなかった――限りない敬意を払ったということである。
別言すれば、「日本浪漫派」の提起した問題は、良い悪いは別として否定しうべくもない日本的感性にどう向きあうべきかという、今日にも繋がる問題を孕んでいたということであり、「転向」「非転向」といった問題を越えていたということでもある。

(5) 佐野学と鍋山貞親の場合

この二人こそは、昭和八年（一九三三）六月九日、獄中で「転向」声明を発表し、いわゆる「転向」現象の発端をなした人物である。しかし、一般に考えられているように「転向」声明を出したからすぐ出獄できたわけではない。彼らの出獄は、あの声明から七年後の昭和一五年（一九四〇）になってからのことである。

戦後の彼らの生活ぶりは対照的であった。佐野学は高学歴である。したがって、敗戦の翌年の昭和二一年（一九四六）には、彼は早々と早稲田大学商学部の教授におさまっている。これに対して、鍋山貞親は気の毒なくらい低学歴（小学校卒）である。したがって出獄後、政治活動を含めて様々な試みをしているが、ことごとく失敗している。彼らの「転向」声明が当局にいいように利用されたので、さぞかし出獄後の彼らの生活は当局に保障されて安泰であったろうと思われがちであるが、事実はそうではなく、当局からホッポリ投げ捨てられたというのが実情のようである。要するに二人に対する非難は、当局に利用されるような「転向」声明を発表したところに向けられるべきであって、彼らのその後の生活に向けられるとしたら、酷だろうと言うことでもある戦後のある時期、福本和夫が友人石見尚と議論を交しながら街を歩いていると、ふと鍋山貞親に出会ったという。すると、福本と鍋山は相互に親しげな挨拶を交して別れたそうである。鍋山と別れた後、福本は同道していた石見尚にしみじみと語ったとのこと。「鍋山は気の毒な身の上だ、生活もまた大変だろうに」と。福本らが戦前コミンテルンに呼びつけられてモスクワ入りした時、あの徳田球一などと共に鍋山貞親もまた同道していたのである。

この時、福本和夫もまた高学歴であるため、あの「手職」論で大活躍をすると同時に、浮世絵研究でもあの有名な雑誌『国華』（岡倉天心の創刊になる美術雑誌）を賑わすほどの才能を発揮していたのである。ただし、彼が力《りき》むほど彼の『日本ルネッサンス論』は評判にはならなかったが……。

この節を終えるに当って、特に、中野重治や福本和夫の場合の「転向」の例は、従来の誤っている論評に対して厳しい批判が加えられべきであることを重ねて強調しておきたい。この二人の場合の例は、馬鹿げた非難にひるまず、結局、「節《せつ》を曲げず」に、戦後史にそれなりの足跡を残した代表例として、記憶されてしかるべきであろう。

第二章　戦争直後の世代

第一節　『新日本文学』vs.『近代文学』

戦争によって壊滅的打撃を受けた日本の諸都市と同様、思想・文化の世界でも解体化が一気に進む。この解体化と同時に、戦後すぐの段階で奇妙なアンバランスな三つの感覚が同時並行的に展開されたように思われる

一つは、虚脱感と冷たいシニシズムの文学であり、この傾向は「無頼派」とも呼ばれていた。坂口安吾であり、織田作之助であり、あの「日本浪漫派」崩れの太宰治であった。彼らの登場は、今にして思えばむしろ当然すぎるほど当然であったのではあるまいか。しかも彼らの無頼ぶりは、彼らの作品、論評の領域にとどまらず、彼らの生活そのものに及ぶものであった。これまた当然のことであったと思う。口先だけの無頼ぶり、作品上だけの無頼ぶりなら、人々を納得させることが出来なかったはずだからである。彼らの生活の破綻は、直接、彼らの生涯をも決定した。周知の通り、太宰は四〇歳にして二度目の情死行に成功した。織田は三〇歳半ばで急逝し、坂口は四〇歳代後半

まで生き延びたが、途中から精神病院暮しであった。そしてまた、彼らの死とともに戦後の混乱期は終る。

もう一つの動きは、戦時体制下の獄中生活から解放されたことを、お祭り騒ぎのように陽気にハヽヤシたて、新しい政治、新しい文化への期待を歌いあげたグループである。この派は蔵原惟人《くらはらこれひと》、宮本百合子といった日本共産党系の人々であった。軍隊から解放され、政治犯としての保護観察処分も解除された中野重治もこれに加わる（ただし彼は後、日共から除名される）。彼らは、戦後すぐにも雑誌『新日本文学』を創刊し、作品活動、評論家活動のすべてをこの雑誌に託する。

更にもう一つのグループは、この『新日本文学』派の政治主義に対決し、戦前、問われずじまいになっていた「近代的自我」の問題を改めて問い直そうとする。このグループは、荒正人、小田切秀雄、佐々木基一、埴谷雄高、平野謙、本多秋五、山室静といった七名より成り、雑誌『近代文学』を創刊する。

さて、以上三つのグループのうち、最初の「無頼派」は短命に終ってしまったので、今はこれ以上論じないことにしよう。とはいえ、太宰治の死などは、後年、三島由紀夫の死に様《ざま》に逆説的な影響を与えるほどの衝撃であり、当時、生意気ざかりのわれわれ中学生をも驚かすほどの事件ではあった。われわれ中学生にもわかる小説「走れメロス」（後で知ったのだが、これは昭和一二年度作とのこと）によって、彼の名前はわれわれ中学生にも知られていたからである。

さて、太宰を含む「無頼派」を今論じないとすると、問題は『新日本文学』派と『近代文学』派との葛藤ということになる。言うまでもなく、この二つのグループの思考性の対立は、戦後文学のみならず、戦後思想史にとっても大きな問題となるはずであった。とは言いながら、後ほどやや詳しく述べるように、特に『近代文学』派の一部の腰くだけによって、この対立が鮮明なものになることはなかった。まず『新日本文学』派から論じてみよう。

(1)　『新日本文学』派について

彼らは、敗戦をオオハシャギで迎えた。その代表者の一人宮本百合子は、この雑誌の準備号（昭和二〇年一二月作成、発売は昭和二一年一月）に有名なエッセイ「歌声よ、おこれ」を掲載する。

「今日、日本は全面的な再出発の時機に到達している。軍事的日本から文化の国日本へということも云われ、日本の民主主義は明治以来、はじめて私たちの日常生活の中に浸透すべき性質のものとして立ち現れて来た。」

「一四年前（一九三一）日本の軍（事）力が東洋において第二次世界大戦という世界史的惨禍の発端を開くと同時に、反動の強権は日本に於ける最も高い民主的文学の成果であるプロレタリア文学運動をすっかり窒息させた。そして、日本の旧い文学はこれ迄自身の柱として来たその反動精神によって自身も根柢から打ちひしがれた。」

「民主なる文学ということは、私たち一人一人が、社会と自分との歴史より事理に叶った発展のために献身し、世界歴史の必然な動きを誤魔化すことなく映しかえて生きてゆく、その歌声という以外の意味ではないと思う。」

「そして、初めは何となく弱く、或は数も少ないその歌声が、やがてもっと多くの、全く新しい社会各面の人々の心の声を誘い出し、その各様の発声を錬磨し、諸音正しく思いを披瀝し、新しい日本の豊富にして雄大な人民の合唱として行かなければならない。」

「新日本文学会は、そういう希望の発露として企てられた。雑誌『新日本文学』は、人から人へ都市から都市へ、海から山へと、苦難を経た日本の文学が、今や新しい歩調で、その萎えた脚から立ち上るべき一つのきっかけを伝えるものとして、発刊される。」

以上（旧仮名使いを新仮名使いに改めさせてもらった）が、宮本百合子の有名な「歌声よ、おこれ」の要約である。新しい民主的文学よおこれとは言っていないながら、実のところ、その最高の成果であるとするプロレタリア文学の推賞を根底においていることがわかっていただけただろうか。この『新日本文学』は再建日本共産党が主導し、それに同調する人々、同調とまで至らずとも、少なくとも日本共産党に反対はしない人々によって構成された。

それはともあれ、昭和二一年段階での「新日本文学会」の主要メンバーは、江口渙《きよし》・蔵原惟人・中野重治《しげはる》、宮本百合子・窪川鶴次郎《くぼかわつるじろう》・壷井繁治《しげじ》・徳永直《すなお》等々といった人々であった。ところが、昭和二五年一月になると、例のモスクワのコミンフォルムが日本共産党批判を発表する。すると、「新日本文学会」もたちまち分裂してしまい、分派したグループは新雑誌『人民文学』に依る事になる。こちらの「人民文学」派は、藤森成吉・豊田正子・嶋田政雄・栗栖継・江馬修の五人の編集委員によって構成される。後、「新日本文学会」の徳永直もこちらに加入し、新たに野間宏・

安部公房までが一時参加して活躍することになる。

とは言え、単なる分裂というだけではすまされない問題も、両雑誌の間で発生したこともある。それは、例えば「人民文学」が「新日本文学会」の宮本百合子を口汚く罵り、「反動」呼ばわりまでした事件がそうである。政治的対立がこうまで言うかと思われるほどの亀裂を引き起こした代表例と言うべきかも知れない。

(2)『近代文学』派の場合

この雑誌『近代文学』は、雑誌『新日本文学』の発刊とまったく同じ、昭和二一年一月の刊行である。『新日本文学』が民主主義文学に名を借りたプロレタリア文学を、アッケラカンと再生させようとしたのに対して、この『近代文学』の態度はあからさまに違っていた。『近代文学』派は、かって革命運動への加担の経歴を持ちながら弾圧によって沈黙を強いられて行った過程を、何よりも「自我」の内的挫折の問題として取りあげようとする。極論で区別するなら、『新日本文学』があくまでも外的社会問題を第一とするのに対して、『近代文学』はむしろ内省的傾向を第一とする、と言っていいかも知れない。

この『近代文学』が、当初、荒正人・小田切秀雄・佐々木基一・埴谷雄高・平野謙・本多秋五・山室静の七人でスタートしたことは、既に述べておいた。だが、やがて小田切秀雄が抜け、代りに、大西巨人・加藤周一・久保田正文・中村真一郎・野間宏・花田清輝が加わることになる。当時の文壇、論壇の花形スターたちである。更に、昭和二三年になると、これに寺田透・安部公房・三島由紀夫・武田泰淳・島尾敏雄・椎名麟三・船山馨らが加わり、あたかも戦後文学の本流のような観を呈するに至る。勿論、この『近代文学』は、日本共産党直系の『人民文学』を、読者獲得の点で圧倒したが、あまりに雑多な傾向の人々の集りとなってしまったために、文学者集団としてのマトマリを欠くうらみが出てきたのは、否定しうべくもない。

したがって、この『近代文学』派を語るに当っては、やはり当初の七人の立場を語るのが、一番適切であろう。当初のこの雑誌で後々まで語り継がれる企画は、少なくとも二つあったと思う。一つはこの雑誌の創刊号を飾った本多秋五を司会とする蔵原惟人を囲む座談会であり、もう一つは、この派唯一の小説家埴谷雄高の小説であろう。この二つの企画を語る前に、『近代文学』と『新日本文学』とを区別する有名な論争から紹介し、『近代文学』の立場を明らかならしめてみよう。

両者の立場の違いが鮮明になったのは、いわゆる「政治と文学」をめぐる論争によってであった。まず、『新日本文学』は、あの宮本百合子が「歌声よ、おこれ」で述べていたように、戦前のプロレタリア文学は強権によって押しつぶされてしまったという。その強権が崩壊した今、プロレタリア文学を最終目標とする民主主義文学が起らなければならないとし、また、そのような文学が起るよう、津々浦々で支援の歌声が起らなければならないとするものであった。それに唱和するような形で、『新日本文学』準備号では、壺井繁治が「海へ」という短文で、そのような文学が起りうるよう、この雑誌『新日本文学』は羅針盤の役割を果して行くつもりだ、とも述べていた。

このような主張に対して、『近代文学』の平野謙、荒正人らは激しく反発した。例えば、平野謙の「ひとつの反措定」（『近代文学』昭和二一年四月～五月）がそうである。平野謙は、この論文において、客観的真実とやらの実現のために、人間性をまったく無視したプロレタリア文学を激しく非難したものであった。この論文に対して、『新日本文学』派の中の中野重治が受けて立つ。この「政治と文学」論争では、政治的客観的真実を描き、それが隠蔽されていることを告発することが重要か、それとも文学なら、客観的真実をめぐる自我の葛藤を描くことを先に立てるべきか、といったことが争われたものである。

と、このように両者の対立を紹介してくると、『近代文学』派と『新日本文学』派とは、激しく対立し、敵対しあっていたように思われがちであるが、事実はまったく然《さ》にあらずであった。両派の間には多くの交流があり、相互に対立し合うはずの相手の雑誌に作品を相互に発表しあってもいたのである。先ほど紹介した両派の人脈でもかなりの人物が相互にダブッテいることに気付かれただろうか。その上、「近代文学」派が雑多な人たちを集めて戦後文学界の主流を占めるほどになったとはいえ、当初、その主だった人たちには今日では思いもよらない感情が流れていた。それは、「新日本文学」派の代表者たちに対する一種の畏敬の念と言えばいいのかも知れない。もっと平たく言えば、蔵原惟人らの獄中「非転向」派に対する畏敬の感情であった。

そのことを立証する有名な企図が、『近代文学』（昭和二一年一月号、第一巻第一号）の冒頭を飾っている。それは、「蔵原惟人を囲んで」という企図であり、あの「社会主義リアリズム」の提唱者、獄中数年（福本和夫の一四年に比べて、わずか数年である）の「非転向」を誇る蔵原を中心とした『近代文学』同人たちの座談会である。

この座談会で司会役をつとめた本多秋五が蔵原惟人を紹介するに当って、次のような話をしてい

る

「私たちのジェネレーションにとって、日本プロレタリア文化運動の指導者としての蔵原惟人の名はあまりに有名でありますけれども、現在は蔵原惟人が何者であるかをよく知らない人たちも相当多いように思はれますので、一つエピソードをお話して紹介の言葉に代えたいと思います。」

この箇所の後、戦前、本多青年がヘーゲル研究者の松村一人《かずと》青年と様々な議論をしていて、様々な難問にぶつかった話が続く。その後でどうしたかについて、本多青年の意外な話が出て来る。

「その時、自分は今考えていることを誰に尋ねたらいいか分らないから、獄中の蔵原氏のところへ手紙を書いてみたいと思う。そういうことを言いましたら、松村君が矢張り、自分も蔵原氏に手紙を書こうと思ったとか、書こうと思っているというようなことを言ったので、その暗合に驚いたことがあります。当時、獄中の人に手紙を出すということは、下宿の玄関に、この家に赤化学生ありと貼紙をするに等しく、それは直ちに特高課の来訪を覚悟せねばならぬことでした。そこで私は遂に出さず仕舞いになりました。思いあまって蔵原惟人の名を思い浮べる気持には、祈りに似たものさえあったのであります。それだけに蔵原惟人の名は私にとって――そしてまたわれわれにとって、神のごときものがあったのであります。」

（『近代文学』第一巻第一号、一八頁）

あの苛酷な戦争が終わって数ヶ月後の段階で、「社会主義リアリズム」の信奉者、そしてスターリン主義の忠実な下僕蔵原惟人は、論戦の相手からも、このように宗教的シンボルである「神のごとき存在」と遇されていたのである。ちなみに付け加えるなら、ここで名前があげられている松村一人なる人物は、戦後、スターリン公認の哲学、「弁証法的唯物論」をふりまわし、辟易するほどの杜撰な論理で、同じマルクス主義者梅本克己の「主体性」論に論戦をいどんだものであった。しかし、『近代文学』でこの座談会を取り仕切った本多秋五は、決してマルクス主義者ではなかった。それなのに、蔵原惟人を神様扱いにしている点に注意を払っておく必要があるだろう。

しかし、このようなスターリン主義者蔵原惟人の評価は、次の世代によってすぐにも微塵《みじん》に打ち砕かれてしまうことになるのは言うまでもない。

第二節　「わだつみ世代」の反応

敗戦当時、『新日本文学』の中心メンバーのあらかたは、ほぼ四〇歳代であった。例えば、宮本百合子は四六歳、蔵原惟人と中野重治はともに四三歳といった具合であった。これに対して、『近代文学』のメンバーは比較的若く、最年長の平野謙が三八歳、埴谷雄高が三五歳、荒正人が三二歳、小田切秀雄にいたっては二九歳という若さであった。この時期、比較的に若い方が、同僚たちの戦争による犠牲も多く、時代の痛みに対する反応はより鋭かったであろう。

しかし、『近代文学』派より更に一世代若く、敗戦時に二〇歳代前半であった「わだつみ世代」にとって、戦後という時代は痛恨の極みであったであろう。この世代はただひたすらに「死に急ぐ世代」なのに、幸いにして死をまぬがれ生き残って戦後の日本に帰ってきたらどうなるのか。勿論、時代にダマサレタという感覚はもっていただろう。しかし、それと「死に急いで死んで行った同僚」に対する痛恨の思いとは別のものである。

この世代でも比較的に年長であった村上一郎は、敗戦時二五歳の主計大尉。彼は若き日に身に受けた『日本浪漫派』的「ロマン主義」を、戦後まで持ち続け（代表的著作『浪曼者の魂魄』冬樹社、一九六九年）、リアルな戦後社会を生き延びることを望まず、最後は昭和五〇年（一九七五）、壮絶な自決で終わってしまった。この事件は、昭和四五年（一九七〇）の三島由紀夫の華々しい（?）自殺の陰になってしまって、ほとんど世間の注目をあびることはなかった。だが、彼との同僚であり、かつ様々な会合で彼と同席した橋川文三を通して村上一郎を知っていた私たちにとっては、あの割腹自殺は痛ましい限りの思い出になっている。そしてまた、この世代を代表する感性を基に評論活動を行った橋川文三は、敗戦時、二三歳。また、戦後文学をリードした感のある三島由紀夫は二〇歳。戦後論壇に鋭く切り込み、異彩を放った吉本隆明は二一歳であった。

要するに、この世代は敗戦時から十数年も前の「転向」現象に自覚的に対処するには、当時まだ若すぎ、戦時体制に対して批判的姿勢を取るには時すでに遅しといった世代である。したがって、彼らの批判性は、戦後社会の中にあって得々と自分たちの存在理由を誇る前の世代に対する、ある種、言いようのない苛立《いらだ》ち感からの批判であったと言っていいのかも知れない。

ここで特に留意しておいていただきたいことがある。それは、これら「わだつみ世代」の苛立ちは、三島由紀夫の場合を除いて、当初から有力メディアを背景にして行なわれたのではない、ということである。苛立ちの建前上そうであるように、彼らの苛立ち的批判性はささやかな発表の場からである。橋川文三にしても、吉本隆明にしても、スタートは自費出版であったり、同人誌であったり、あるいは大学新聞であったりしたものであった。時として、せいぜいが日本読書新聞（今日は存在しない）といった堅目の週刊ミニ・コミ紙であったりしたこともある。しかし、やがて彼らの苛立ち的発言は、時代の最先端を行く思想に成長する。だが、ここでもう一度、留意しておいていただきたいことがある。それは、彼らが最先端的思想家群に成長して行く過程で、彼らのミニ・コミ紙上での発言の時から彼らの苛立ちに共感を示した、より若い熱心な読者層があったということである。

彼らの苛立ち的発言を熱い思いで支えたのは、あの第一次東欧動乱（一九五六年）から、六〇年安保闘争（一九六〇年）にかけて、大学生あるいは大学院生として時代に向きあった次の世代、「わだつみ世代」から見たら「遅れてきた世代」（戦争からも戦後の混乱期からも遅れてきた世代）であったと言っていい。別な言い方をするなら、橋川文三や吉本隆明の発言をまだそれほど目立たない時期から、熱心に受け留めたのは、この世代であったという事実である。では、「わだつみ世代」は何に苛立ち、何を次の世代に訴えようとしたのであろうか。

この「わだつみ世代」のうち、村上一郎と橋川文三の二人は、青春時代を戦時体制に翻弄されたという思いから、戦後すぐ日本共産党に入党し、それなりの活動歴をもってはいる。しかし、前にも述べておいた通り、日本共産党はコミンフォルムの批判（昭和二五年）にあって大分裂し、混乱する党内事情を優先させ、他を顧みるユトリなど持たなかった。ましてや、生命を賭けた彼らの青春に対しても、「要するに騙されたのよ」というだけで、何の理解も示そうとはしなかった。その失望感から、彼らは脱党して行く。

吉本隆明は東京工業大学を卒業後、会社に就職する度ごとに、労働組合運動に精を出し、その度毎に首切りに会い、失職し、生活苦に落ちいっている。勿論、労組の上部団体も左翼政党も何の手助けにもならなかった。「遅れてきた世代」である私どもの前で、彼が自分の足跡を語った時には、彼は確か特許庁の職員（臨時職員？）であったはずである。彼の青春期から中年期にかけては、戦争と戦後左翼運動に翻弄され、モミクチャにされてしまっていた。だからこそ、彼の思いは戦後左翼運動を反省的に見詰めて行く視線をますます鋭くして行く。

では、彼らは彼らの苛立ちから、私たちの若い世代に向ってどのような思いを語ったのであろうか。

まず、橋川文三がわれわれに語り、訴えたものは、他の人の話よりかなり抽象度の高いものであった。その話とは、いつの時代も、「人為」や「政治」は、ありのままの「自然」や人の心を魅了する「美」の世界を圧倒し、滅ぼし、勝利を占めて行くものだという話から始まった。しかし、「自然」や「美」は、「人為」や「政治」に圧倒され、敗北せしめられれば、せしめられるほど、逆にその輝きを増して行く。このような話を、橋川はあの『古事記』の中の日本武尊の死にこと寄せて語ってくれた。実のところ、この話は彼の『日本浪漫派批判序説』（一九六〇年二月刊）に結実している話なのだが、橋川がわれわれ若い世代の前で語ったのは、この出版の直前のことであった。橋川の思いは、「わだつみ世代」が「政治」の世界に騙されたなどという単純な政治主義の立場（当時の日本共産党の言い草）ではなく、疑念を抱きながらも運命に殉じて行った同僚たちの「悲愴美」を切々と訴えて、われわれ若い世代の共感を得たものであった。

橋川文三を囲んでの若い世代の研究会は、更に盛りあがりをみせる。彼のこのような訴えは、苛酷な「政治」性に圧し潰されながらも、人間性のあり様を求めて敗れて行った歴史上の多くの悲劇的人物に対する共感にもつながって行った。その例が、各地に残る西郷隆盛像（勿論、単なる伝説を含めてのことだが）の橋川の執拗なまでの追求であった。この「西郷隆盛」の足跡追求の諸論文は、『橋川文三著作集』第三巻（筑摩書房、一九八五年刊）に収められている。しかし、これらの諸論文発表以前に、巧みな史談家でもあった彼は、われわれの研究会の席上で、各地での西郷隆盛像のイメージをどのように拾い集めようとしているかを語ってくれたものであった。

このような橋川文三の主旨に、われわれ若い世代も基本的に同意しつつ、しかし、そのような歴史の見方なら、幕末草奔の志士たちにも適用されるべきであろうし、あるいはまた昭和維新を願った青年将校たちにも適用されるべきではないかと迫ったものである。幕末草奔の志士たちの研究では、その分野の専門家芳賀登がわれわれの共同研究に加わってくれていたからでもある。特に、島崎藤村の小説『夜明け前』のモデル島崎正樹（小説の中では青山半蔵）の生涯についての芳賀登講師の報告には、皆んなが感じいったものであった。

だが、あの昭和維新の青年将校たちの生き様については、講師役の橋川文三ばかりでなく、多くの同輩たちとも意見を闘わした。私の郷里会津若松にも、この事件での刑死者渋川善助を出しているので、私としては、従来の研究者に若干の不満をもらしながら私見をぶっつけたものである。従来の研究者の主眼は、彼ら青年将校たちを突き動かした背後思想をあまりに過大に評価する点である。田中智学にせよ、北一輝あるいはその他の思想家たちの影響、また皇道派としての先輩、同輩たちからの相互影響は、確かに大きかったとは思う。しかし、彼らを突き動かしたのは、むしろ東北地方の度重なる大飢饉と政府の無策に対する、直接の強い憤りではなかったのか。例えば、渋川善助の生家は肥料問屋であり、農民の惨状に直接向きあう日常であった。この点、スターリンとコミンテルンに盲従し、観念の空廻りで「非転向」を誇示した日本共産党員とはワケが違うとまくしたてたものであった。講師の橋川文三は次のように言って、私をたしなめられた。

君の意見は一応もっともとは思う。しかし、やはり君も歴史上の事件を感情移入をしただけで眺めているだけなのではないだろうか。今、君はあの事件を「ニイテンニイロク事件」と呼んだ。しかし、あれは「ニイニイロク事件」と呼んだのであって、「ニイ・テン《テン》・ニイロク事件」と言ったのではない。あの時、私（橋川）は中学生になっていて、あの事件の一報に接して妙に胸が高鳴りしたものである。何を期待したのか、中学生であったのでよくわからなかった。妙な胸の高鳴りだけはよく覚えている。これが、歴史事象に対する「経験《エルファールンク》」ではなく、切れば血の流れる「体験《エルレープニス》」というものではないのだろうか。そしてまた、「経験」に対する期待はずれの感がいわゆる単なる

「失望」と呼ばれるものであり、「体験」に対する期待の裏切られ感が「挫折」と呼ばれ、こちらの方がより深く歴史の深層に沈み込むものではないだろうか、とのことであった。私としては講師橋川文三のこの言葉に魅了され、ますます橋川ファンになったものである。

橋川文三に比べて、吉本隆明のわれわれ若い世代に対する影響（大学院生時代の研究会に度々来ていただいて話をしてもらっていた）は、よりストレートであった。実のところ、これまで記述してきた戦前から戦中、更には戦後にかけての日本共産党員の「観念の空回り」という表現は、吉本の言う「イデオロギーの論理的なサイクルを回していたに過ぎない」（『芸術的抵抗と挫折』一九五九年刊）という科白から借りてきたものである。更に吉本隆明はリアリズムの発展は当然にも「社会主義リアリズム」に至るなどというプロフィンテルン直伝の論理など、バカバカしくて話にもならないとして、一刀両断のもとに切り捨てた。勿論、われわれとしては吉本隆明の単なる「観念の空回り」という規定の上に、更に一句を付け加えたつもりである。つまり、「誤まてる観念の空回り」という風にである。というのも、この時期、われわれ若い世代は、既に述べておいたように、エレンブルクやパステルナークらのソ連文学界における苦闘（ともに一九五〇年代半ば）を知ってしまっていたからである。

では、「社会主義リアリズム」がバカバカしいものとするると、吉本隆明にとっての文学は何を目指すことになるのであろうか。実は、吉本隆明は六〇年安保闘争のさなか逮捕されてしまう。だが、釈放された後、なおもわれわれ若い世代を前にして語ることになる。その試論の一つであり、「社会主義リアリズム」に代わる試論の一つが『言語にとって美とはなにか』（一九六一年『試行』、六五年五月、勁草書房）であったと思う。

村上一郎、橋川文三、吉本隆明といった「死に急いだ世代」の評論部門の人々は、戦後の時代精神に激しく切り込む活動をしていた。だが、同じ世代でも文学活動に活路を見い出していた人々は、いわゆる「第三の新人」と呼ばれ、その前後の作家たちに比べると、この人達はやや影が薄いようである。

安岡章太郎（敗戦当時二五歳）、庄野潤三（当時二四歳）、遠藤周作（当時二二歳）、吉行淳之介（当時二一歳）といった作家たちである。これらの作家たちが描いてみせてくれた日常性にひそむ異常性（安岡の描く旧軍隊の日常性の中の残虐性）、異常世界にみる日常性（吉行の描く娼婦の世界）、あるいは信仰世界のなかの非情性（遠藤の、弾圧の中で神を求めはするものの神の答えのない世界）等々の世界描写は、われわれ若い世代の共感を得たものである。同世代の評論家群が激しく時代を弾劾していたのと、同世代の作家群がひたすら内面世界へのめり込んでいたのとは、実は、「死に急いだ世代」の思いの表と裏の表現の仕方であったのかも知れない。

以上、世代論的に第一期（四〇歳代の『新日本文学』派と三〇歳代の『近代文学』）と、第二期（激しい評論と内面への沈潜の作品）の人々の問題提起をさぐってきた。ところで、戦争という苛酷な体験をはさんで、それより一〇年若い世代、いや五年の若い世代の感覚となると、また別種であり、別種な体験からスタートすることになる。

第三節　更に「遅れてきた世代」の受けとめ方

これまで、村上一郎、橋川文三あるいは吉本隆明といった、いわゆる「わだつみ世代」「死に急いだ世代」の思いを中心にして語ってきた。だが、以上の話の内容はこの世代の人たちより更に若い「遅れてきた世代」の感受性が受け留めた限りでの話である。逆に言うなら、この「わだつみ世代」、「死に急いだ世代」の人々が彼らより前の世代（『新日本文学』派であれ、『近代文学』派であれ）に対する激しい批判の数々は、更に「遅れてきた」われわれの世代にきいてもらいたいという思いが込められていた。だからこそ、彼らの発言は、大学新聞であったり、ミニ・コミ紙であったり、また諸大学でのわれわれの研究会であったりしたものであった。

ところで、敗戦時に二〇歳代であったこれらの人々によって語りかけられた、私たち「遅れてきた世代」とはどのような経験をもつ世代であったのであろうか。私としては昭和二〇年（一九四五）のあの敗戦時には、まだほとんど何もわからない小学生（当時は国民学校と呼ばれていた）であった。私自身、あの戦争の思い出は、銀翼をきらめかして飛んでくるB29の編隊を竹槍を抱えながら防空壕から見上げた経験だけである。だが、この世代も一〇年も過ぎるとほぼ大学生になっていた。つまり、昭和三〇年（一九五五）前後には大学生になり、世界史的大事件から身近の社会的事件に至るまで、一応、自覚的に対応できるようになっていたということである。

こう申し述べている私自身は、一九五〇年代前半に大学生になり、多くのデモに参加し、あの第一次東欧動乱の時（一九五六年一〇月）には、文学部自治会の副委員長を務めていた。周知の通り、この前後、つまりフルシチョフのスターリン批判（一九五六年二月）から東欧動乱を圧殺してのソ連軍の東欧軍事介入（一九五七年一一月）に至るまでの間、日本の知的世界でも地殻変動のような変化が起っていた。あれほど国際的に批判されたにも拘わらず、なおもスターリン体制の横行しているソ連社会主義に対する不快感と不信感がそれである。他方、日本共産党系の知識人は、相も変わらず、あの東欧動乱はアメリカ帝国主義の策謀によるものだと主張して憚《はばか》らず（例えば、前に掲げておいた秋田雨雀のコメント）、我々の失笑と嘲笑を買っていたものである。

そこで、われわれ文学部自治会は、五七年の秋だったかに、学内の山上会議所の広い部屋を借り、東欧動乱の意味を問う討論集会を開くことになった。会場は立錐《りっすい》の余地もないほどの学生で埋まった。多くの学生研究者たちの状況報告があり、続いて討論に移る予定であった。討論の司会は副委員長の私が務めることになった。その討論のため、学内の高名なマルクス主義者教授たちにも出席をお願いしてあった。ところが討論は、見ん事、失敗に終わってしまったのである。

というのも、この集会でのマルクス主義者教授たちの発言がまったく無かったからである。思いあまった司会の私は、私と差し向いに座っておられたマルクス主義歴史学者の江口朴郎教授に発言をお願いすべくマイクを差し出した。江口教授は、当時、帝国主義論を基礎に戦争と平和についての積極的発言を続けておられ、学内外で有名な方であった。しかし、江口教授は黙して何事も語られなかった。この様子を見ていた多くの参加学生たちが、ドヨメイタのは言う迄もない。多くの参加学生たちにとっても、私自身にとっても、この失敗に終わった討論集会が意識上の大変革になったのは、当然のことであった。あの時、江口教授が日本共産党直系の学者たちのように、あれら東欧の諸事件はアメリカ帝国主義の策動だなと言わずに、沈黙を守ったのは、むしろ良心的な態度であったのかも知れない。

私たち文学部自治会は、この討論集会以外にも多くの研究集会を設け、学内外から多くの識者をお呼びし、一般学生との討論を企図したものである。ところで、私自身は、一九五八年春には大学院生になり、大学院でもまた人文系大学院自治会（私の時代に、大学院でも初めて自治会が設置された）の副委員長を務めることになった。勿論、この大学院自治会もまた多くの学内外の識者たちの意見を聞き、討論に参加していただく機会を設けたものである。この時の識者にもやはり橋川文三、吉本隆明といった方々がおられ、これに鶴見俊輔といった識者が加わった。

橋川講師がわれわれ大学院生に投げかけた問いは、ある人物、ある事件を既成のイデオロギーで、しかもそのイデオロギーを再検討することなしに適応し、裁断することが、いかに事態を見誤ることになるかという問いであった。その例は、戦前のあの『日本浪漫派』の情感を単に「ロマン的反動」だとして、断罪し、切り捨ててしまっていいのかという問いであった。この話は、本人自身もあの情感に納得し、戦地に赴く途中で敗戦となった例から、更には彼の友人村上一郎が日本共産党に加入し（勿論すぐ脱党）、脱党した後も「ロマン主義者」を自称してはばからない事例にまで説き及んで行った。この村上一郎がやがて壮絶な自害で終ることは、前にも述べておいた通りである。

また、吉本隆明講師は、あの『芸術的な抵抗と挫折』（一九五九年刊）の基になった思考性を諄々《じゅんじゅん》と語ってくれたものである。「社会主義リアリズム」などはバカバカしい限りであり、戦中、日共幹部の誇る「非転向」などは単なる「観念の空回り」にしかすぎないとする彼の自論は、われわれの共感を大いに喚起したものである。「社会主義リアリズム」論に代わる彼の文学論が『言語にとって美とはなにか』であったと思う。この論は、彼の主宰する同人誌『試行』の昭和六一年に発表されたものであるが、その前年に、われわれの研究集会でその構想だけの話をされたものである。

後年、吉本隆明のこの時期の仕事をスイスの思想家ソシュールの構造主義言語論との類似性を指摘する人々が出てくる。私自身、そのことの可否を論ずるつもりはない。吉本講師からそのような話は出なかった。ただ、『言語にとって美とはなにか』の構想の段階では、人間の「内面生活」の中での自己表出において、いかに「感嘆詞」や「詠嘆詞」が重要であるかの指摘と、しかしながら、それらの「感嘆詞」「詠嘆詞」がいかにそれぞれの時代の制約を受けて成り立っているものであるかを追求しようと思う、とのことであった。言うまでもなく、後年、この試論が一冊の著作になった時（一九六五年一〇月、勁草書房）には、それだけの内容ではなくなっていたが。とにかくこのような構想を聞いた段階で、彼の文学論が単に「社会主義リアリズム」を切り捨てただけではなく、積極的立論に向おうとしていることを、われわれ聴衆は感じとったものである。

橋川、吉本両講師に比べて鶴見俊輔講師の態度は、われわれ若い世代にむしろ大いに語らせるといった体《てい》のものであった。鶴見講師との話し合いでは、「戦争」も「転向」も、もともとは切れば血の出るような実感をともなった「体験《エルレープニス》」であったのに、それが「一般的歴史知」となるに従って、いかに「体験」の切実さが失なわれて行くかということが話し合われた。この時期、鶴見講師は『思想の科学』同人たちとともに、『共同研究・転向』（一九五九年一月から）をスタートさせておられたので、このような問題は切実であったであろう。結局、鶴見講師たちは、この「転向」問題をむしろ日本思想史上のある種普遍現象として捉えて行くことになる。このような捉え方は、後、あの吉本講師からは「転向」現象の実感性を失ってしまうという批判が寄せられることになる。

鶴見講師のセンシブルな人柄からすれば、「戦争」や「転向」現象を「一般的歴史知」にしてしまえば、いかに実感性から遠くなるかは先刻、承知のはずであった。そこで私は、「〝戦争〟〝転向〟を実感性のあるものにするためには、追体験させるにしくはないじゃありませんか⁉」と、ダジャレを飛ばしたものである。すると鶴見講師は、「〝戦争〟を追体験させるとは、何という不穏当なことを！」と私をたしなめられた。アワテタ私は、「いや、起った事象の意味の共有性を求めて追理解しよう」ということだったんですと、ひたすら弁明したものであった。しかし、「歴史知と意味の共有としての実感」というテーマは重要だということで、鶴見講師は、もっと君の意見を敷衍《ふえん》してみろということで、やがて『思想の科学』の誌面を割いて下さることになる。

これらの討論集会、研究集会は、一九六〇年六月の安保闘争をはさんで、前後それぞれ一年間、計二年間ほど続いたものであった。これらの勉強会の間にあの安保闘争がはさまる。あの時、大学院自治会も初めてデモ隊を組織し、国会包囲に参加することになった。勿論、あの時の最先鋭のデモ隊は、非日共系の全学連主流派と呼ばれた連中であった。この連中はデモが無い時には、われわれ大学院自治会の主催するあれらの討論集会、研究集会の良き聴講メンバーになってくれていた。

そうこうする内にある事件が起り、その当事者がわれわれ自主研究会の有力講師陣の一人であるという事態が明らかになった。事の次第は次の通りである。

あの国会包囲のデモの最中、デモ隊の一角が機動隊に押されて崩れるという事件が起きた。デモ参加者は散り散りになって逃げた。私もまた内堀通りから警視庁の前を通り、日比谷公園附近まで後退した。その崩れたデモ隊の一角に吉本隆明氏もいた。同氏は、暗がりの中で内堀通りを逃げたつもりで、ある暗い広場に逃げ込んだという。ところが、その暗がりの広場とは、何と警視庁の裏庭であったとのこと。たちまち同氏が逮捕されてしまったのは言う迄もない。

その翌日、われわれ大学院自治会は報告会をもった。学部自治会は、この時、樺美智子さんの死で憤怒の声が渦巻いていた。大学院自治会には、樺さんの死に哀悼の意を表しつつ、有力な学外講師であった吉本隆明氏の救出委員会を、やはり学外講師であった橋川文三氏が結成されるという話が伝えられた。そこで、私は自治会の了承を得て、この救出委員会の一人として加わることになった。後日、橋川文三氏と文芸評論家の奥野健男氏、それに学生側としての私の三人が、井の頭線の浜田山駅から、より北側の、今は無くなってしまった高井戸署に、吉本隆明氏貰い下げのために出向いたものである。

この時の橋川文三氏と奥野健男氏の並んで立っておられる写真は、今日に残されている。私は、初対面の奥野氏ともっぱら雑談を交しながら、駅から北へ向った。ところで、浜田山駅から左手に公園を眺めながら、北の登り坂を進む道路が、何となく有楽町駅から左手に日比谷公園を眺めながら警視庁へ向う道筋と似ていませんかね――といったふうの会話を交しながら、高井戸署に向ったものである。小柄で気さくな奥野氏も、「そう言えば、その通りだね――」と相槌《あいづち》を打ちながら、周りを見渡しておられた。

この高井戸署がまた玄関を入ると、すぐに広く高い空間になっており、本庁である警視庁の玄関口にそっくりであったのには、ビックリしたものである。勿論、吉本隆明氏の奥様は先に着いておられた。やがて刑事に付き添われながら二階から広間に降りてくる瞬間の吉本隆明氏の写真は、多くのジャーナリストによって撮られていた。その様子を、現場に足を運んでいないメディアの多くは、「警視庁にて」とコメントしていたものである。

この時、橋川文三氏は、あの名著『日本浪漫派批判序説』（未来社、一九六〇年二月刊）を既に出しておられた。橋川氏の世代が、いかに「耽美的パトリオティズム」に突き動かされて「死に急いだ」かを語ったのが、この著作である。だが、この作品が発表された当時は、この世代がいかに「騙された気の毒な世代」であったか、あるいはもっとひどい論評になると、この世代が過去の戦争体験に引きずられ、いかに「視界狭窄《きょうさく》に陥ってしまった世代」であるかなどと語る者まで現われる有様であった。死にもの狂いで生きた世代に対して、要するに「騙された世代なのよ」とか、その結果、「見方が狭くなってしまった世代なのよ」といった論評が、いかに残酷な言い草であるかを、これらの論評者たちはまったく気付いていなかった。橋川文三氏のあの『日本浪漫派批判序説』の「あとがき」を見ていただきたい。この世代は『日本浪漫派』が「耽美的パトリオティズム」を煽るものであることを知りつつ、フランスやドイツの近代思想より以上に、いかにこの派の美意識に自己納得し、戦場に赴いていったかが語られている。生き残った橋川文三氏としても、戦場に散った彼の同僚たちに対する思いは、他に伝えようもないくらい痛切なものであったろう。

また、釈放されて出獄してきた吉本隆明氏は、あの『言語にとって美とはなにか』（一九六一年発表）の他に、『擬制の終焉』（現代思潮社、一九六二年）に結実する話を、われわれの自主研究会で語られたものであった。この論は、日本共産党員にせよ、当時の有力労組幹部にせよ、あるいはまた当時の「進歩的文化人」と呼ばれた人たちにせよ、当時の左翼の本流といわれていた団体や人々が、いかに「擬制の前衛」にすぎないものであるかを論じて、あの安保闘争に参加した多くの学生たちの共感を得たものであった。

私自身は大学院の後、一九六一年まで研究生として大学に残り、かつ現存の立正大学その他の非常勤講師を務め、一九六二年には立正大学の専任講師となって母校を去った。しかし、専任講師になった後も、橋川文三、吉本隆明両氏との接触、というより、両氏からのご教示はその後も続いた。

第三章　「自同律の不快さ」

第一節　つまり「私がわたしであることの不快さ」

これまで縷々《るる》述べてきた橋川文三氏や吉本隆明氏は、失礼ながらこれまではどちらかと言えばマイナーな思想家であった。両氏を時代を画する思想家の位置に押し上げたのは、われわれ「遅れてきた世代」という良き読者層があってのことである。ところで、われわれ「遅れてきた世代」に強い影響を与えた思想家、作家は他にもあった。例えば、埴谷雄高氏などもそうであった。埴谷氏があの「近代文学」同人の中の唯一の作家として、同誌創刊号以来発表してきた『死霊』などは、われわれの間でも度々話題となっていたものである。あの小説自体というより、あの小説が主題としたテーマに、われわれの話題が集中した。そのテーマとは、「自同律の不快さ」と呼ばれるものであった。

これはまことに奇妙なテーマである。「自同律」とは「私は私であり、他の何者でもありえない」とするものであり、これは近代哲学のスタートを成すものであり、長い間、当り前のことと思われてきた。しかし、考えみれば、「自同律」つまり「私は私である」では、後に話が続かないことがわかる。これでは何事も生み出さず、これはむしろ結論というべきものである。その上、感覚的にもこの「自同律」では、何となく平板さ、時として愚鈍さが目立つこともある。

例えば、朝起きて鏡に向かったとする。鏡に映った自分の顔を見て、「これが私だ」というだけの者は、よほど感受性の鈍い人物だろう。普通なら、鏡に映った自分の顔を見て、「今朝は何て嫌な顔をしているのか」とか、「今日は疲れた顔をしているな」とかあるではないだろうか。鏡の中の自分の顔を見て、「何て美男なのだろう」とか、「私は素晴らしい美女」などと感ずるのは、むしろ病的ナルシズムと言うべきものである。

前にも述べておいたことだが、埴谷雄高が戦前から「自同律の不快さ」「私が私であることの不快さ」を具体的に感じたのは、実はそれなりに訳があった。それは、戦前、逮捕され、獄に投じられた際の刑事の取調べに原因があったのだそうである。普通、人は日常生活の中でどんな道路を通り、途中、どんな人とすれ違ったかなどということをほとんど自覚していない。ところが、担当刑事は次のように埴谷に迫ったという。

「その時、お前は何々の路上にいた」と。埴谷はそんな記憶もあるので、「ハイ」と答えた。すると、すかさず刑事は「お前は何某とそこで出会った」とたたみかけてくる。埴谷は、その日だったか、別の日だったか忘れたが、何某と会った記憶をボンヤリと持っていたので、また「ハイ」と答えた。さて、そこで刑事は「お前は重要なレポのため、何某とそこで会ったのだ」とタタミかけてくる。調書を取り終わった刑事は、脇の係官にその調書を読みあげさせ、「お前がハイと答えた」

のだから、この調書にサインをし、拇印を押せと強要したという。しかし、埴谷は読みあげられた調書を聞き、「これが私か」と絶句し、そのような私に限りない「不快さ」を感ずるのを禁じえなかったという。

　このような体験に裏打ちされた戦前の埴谷の「自同律の不快さ」は、戦後のあの「近代文学」に連載された『死霊』のメイン・テーマ、主人公三輪与志をめぐる人間関係の重い主題となって行く。したがって、「近代文学」派とはいっても、本来なら対立関係に立つはずの日共系「新日本文学」派にある種色目を使う本多秋五や荒正人らと、対立関係をそのまま貫く平野謙や埴谷雄高らとは、そもそも初めから異質のものを孕んでいた、と言ってもいいはずである。

「近代文学」派内部のそれらの問題について、ここで多くを論じているユトリはない。ただ、『自同律の不快さ」を基本とする埴谷雄高の文学姿勢は、この「近代文学」派が主張した「近代的自我の確立」などといったテーマさえ越えて広がって行く。その事を、後ほど現代ドイツ思想を代表するエルンスト・ブロッホの哲学と対比させて論じて行くつもりである。それはともあれ、戦後すぐのこの時期に、なおもあのスターリン主義的功利主義的文学と言うべき「社会主義リアリズム」などにいたく固執していた「新日本文学」派に対して、「近代文学」派、なかんずく、埴谷雄高の立場がいかに異質ものであるかを改めて確認しておいていただきたい。勿論、われわれ若い世代は、「近代文学」派というより埴谷雄高その人の思考性に強く引き寄せられたものであった。

　埴谷雄高、橋川文三、吉本隆明といった先達に示唆されながら、「社会主義リアリズム」などではないどんな思想、どんな文学を、われわれ若い世代は求めたのであろうか。

第二節　「異化作用」

われわれ『遅れてきた世代』が何を求めようとしていたのかと尋ねられても、一概に答えられるものではない。ただ、埴谷雄高氏の「私は鏡の中の私と同じものではない」とする、あの「自同律の不快さ」との関連で言うなら、次のような研究もありえたということで、話を進めてみよう。

われわれの世代のうち文学系の友人の幾人かは、ベルトルト・ブレヒトの方法論に、次の時代の可能性を求めようとしていた。しかも、「新日本文学」系好みの「ブレヒト論」、つまりマルクス主義の枠内での「ブレヒト論」をスッパリと切り捨てたものであった。勿論、ブレヒトにはマルクス主義の枠内で論じられる作品も多くある。しかし、われわれの世代はその部分を切り捨てたのである。そうは言うものの、われわれの友人たち、例えば、菅谷規矩雄、船戸満之氏らの「ブレヒト論」はやはり困難な問題を抱えていた。周知の通り、B・ブレヒトはあの第一次東欧動乱（一九五六年）の直前に死亡した東ドイツの劇作家であった。しかも、一度として東ドイツからの亡命を希望したことなどなかった。このようなブレヒトをマルクス主義を超えた人物として評価できるか、ということである。ただし、彼の方法論である「V効果」「異化作用」を取り出せば、これはマルクス主義の枠内に収まるはずがない。

ちなみに言うなら、「V効果」とは演出者の意図をはっきり明示し、観客の安易な共感を拒否し、ツッパネルため、舞台上の演技者と観客の間に明確な「ミゾ」を作ること、つまり、両者の関係に心理的「V字型」の関係を作ることである。両者の間に「ミゾ」「V字型」を作ることであるので、この関係は両者の間に心理的「融和」関係を計ることではなく、「異化」関係を作り出すことにもなる。もっと平たく言えば、この「異化」関係とは、観客に対して舞台上の俳優の仕草にリアリスティックな共感を感じさせるのではなく、「エ！」という驚きの感情、つまり「違和感」を感じさせることである。したがって、この「V効果」「異化作用」は、「社会主義リアリズム」どころか、「自然主義リアリズム」からさえ遠いものである。

「異化作用」とも呼ばれるブレヒトのこのような演出方法は、戦前の「俳優座」によって一部紹介されてもいた。戦後の「俳優座」のリーダーになる千田是也氏のかっての試みがそうである。勿論、戦後「俳優座」がブレヒトのこの「異化作用」演出で、ブレヒト物を上演するに際しては、私は学習院大学の岩渕達治氏（ブレヒト劇の有力邦訳者）に紹介していただき、「異化作用」の練習場面まで見せていただいたことがある。それはともあれ、戦前のブレヒトは強烈な反ナチスの演劇人でもあったため、戦後の東ドイツ（におけるベルリーナー・アンサンブル）でも大いにもてはやされていたということであろう。

さて、このようなブレヒトをマルクス主義を越えた人物として、新しく評価できるかどうかであった。さまざまな査証の経緯《いきさつ》を除いて、結論だけを述べるなら、それは「できる」ということであった。しかも、そのような評価はドイツでもそうであったように、日本でも同じ事であった。まず、日本の場合から紹介すると、これはやはり日本的思想状況に依存しての評価の仕方であった。例えば、菅谷規矩雄氏の『ブレヒト論』（一九六七年、思潮社刊）がまさにそうであった。菅谷氏のこの著作は、何と吉本隆明氏のあの『言語にとって美とは何か』（一九六一年にスタートし、出版は一九六五年、勁草書房）の影響の下に成ったのである。この点でも、菅谷規矩雄氏はいかにもわれわれの世代の代表的論客であったと言っていいかも知れない。

これまで再三述べてきたように、吉本隆明氏のあの著作は、人間の言語活動を二つに分けることからスタートした。一つは、コミュニケーションの手段としての「指示表出」という活動と、もう一つは、他者とのコミュニケーションを目指すことのない自己内面の表出、つまり「自己表出」である。その上で、後者の活動に言語活動の「美」を見い出そうとしたのである。例えばわきにある棒を指差して、「これで殴られたら痛い」という言語活動は、こちらの意志を他者に伝える（一般化された意志、意味を伝える）「指示表出」である。これに対して、今度の遠足で足が痛んだ、「アー！」と呻く。あるいは胃病のため胃が痛む、「ウー！」と呻く。これらの言語活動を「自己表出」と呼ぶ。しかし、前にも述べておいたように、吉本隆明氏は、この「自己表出」もそれぞれの時代的制約を受けざるをえないことを文学史的に追求したのであった。それはともあれ、文学作品を文学たらしめているのは、結局、この「自己表出」がどれだけ人々の共感をえられているかにかかっている——これが吉本隆明氏の「美」の本質、文学論の趣旨であった。

菅谷規矩雄氏の『ブレヒト論』は、ブレヒトの全作品がブレヒトの「自己表出」の方法論であったというものである。したがって、彼のこの著作には、「V効果」の話も、「異化作用」の話もまったく出てこない。彼に言わせれば、それらの効果は、要するにブレヒトのこの「自己表出」の思いをいかに表現するかの手段であったにすぎない、というのである。

菅谷氏がそうはいうものの、しかし、表現手段であるこの「V効果」や「異化作用」は、単なる手段を越えて、時代のトレンドにさえなろうとしてた。実際のところ、これらの効果や作用は、われわれの茶の間のTV映像の中でさえ用いられるようになって行った。突然の映像ストップや、俳優のわざと大袈裟な表現で人目を引くといったやり方がそれである。しかし、。私としては、そのような一時的流行廃《はやりすた》れ現象より、それらの効果、作用を問題にし出した文芸史的、思想史的意味の追求の方が重要だと考えるに至っていた。というのも、これらの方が、深く広く現代のわれわれの思考性に影響を及ぼしていると考えたからである。

第三節　「ハムレット」劇を例として

あれらの効果や作用に引かれた私の背後には、やはり埴谷雄高氏のあの「私が私であることの不快さ」、つまり「自同律の不快さ」が働いていたように思う。朝起きて「鏡」を見た瞬間、「ああ、何て不快な顔をしている奴だ！」という感覚は、「見る私」と「見られる鏡の中の私」とが「異化作用」を起こしていることであり、両者の「私」の間に「V字型」の感覚が走っていることでもある。

この両者の「私」の間の「違和感」「不快な感覚」を、私は何と前々から注目していたドイツの思想家エルンスト・ブロッホの新しい著作の中に見い出し、驚いたものである。そしてまた何時の日にか、ブロッホ教授にお目にかかりたいものだと思いをつのらせていた。後ほど述べるように、その思いは一九六六年夏に実現する。ところで、その著作とは、ブロッホの最新作『異化』（原著一九六二年、邦訳一九七一年、現代思潮社、後、白水社）である。この『異化』の翻訳の話は、原著が出版されるとすぐにもち上がった。翻訳者の片岡啓治、種村季弘、船戸満之といった諸氏は、すべて私の交友関係の人々である。わたしもまたこの翻訳仲間に誘われたが、私自身は同じ出版社である現代思潮社から、クラウゼヴィッツの『戦争論』（出版は一九六六年、後、中央公論新社）の単独訳を頼まれていたので、『異化』の共同訳には残念ながら参加出来なかった。

ところで、ブロッホのこの新著『異化』は一九六二年に出版されてはいるが、その内容は、戦前のブレヒトがあの新しい演出方法「V効果」「異化作用」を案出したのと同時期、ブロッホのブレヒトに関する言及も含むエッセイを、一冊にまとめたものである。例の「鏡に映った自分の顔」を見て、「不快に感ずる話」もすでにここで語られている。また何故にブロッホが自分のエッセイ集を『異化』と名づけたかの理由も語られている。

「異化」"Verfremdung"《フェルフレムドウンク》という言葉は、「疎遠」"Entfremdung"《エントフレムドウンク》という一般的ドイツ語に由来するものだという。周知の通り、この「疎遠」という日常ドイツ語を哲学用語に採用した最初の人物はヘーゲルであった。ヘーゲルの使った「疎遠」の意味は、本来、自分のものでありながら、よそよそしくなって自分のものではないように思われる、ということである。この日常ドイツ語を哲学用語に採用したヘーゲルの後は、これまた周知の通り、初期のマルクスがそれを受け継いだ。そしてまた、その後は二〇世紀初頭のルカーチがそれを発展させた。マルクスやルカーチに受け継がれる過程で、この「疎遠」という用語に「疎外」という訳語が付け加えられ、この訳語が定着することになった。もともと「疎々しく縁遠く思われる」という意味のこのドイツ語に、「疎外」という日本語訳を最初に付けた人物は、ルカーチとの交友関係を日本に持ちこんだあの福本和夫（あの「福本イズム」の福本、コミンテルンから批判された福本）であった。

その後、マルクス主義哲学陣営内では、初期マルクスの「疎外論」が克服されたのか、されなかったのか。あるいは戦後日本思想史の次元では、マルクス主義哲学を「疎外論」に置くか、それとも「物象化論」に置くかなどといった論争がカマビスシク論じられたものであった。しかし、日常ドイツ語の「疎遠」という言葉を一つのテクニカルタームに閉じ込めてしまおうとするから、そのような論争が起こってきたのである。再度も言うが、日常ドイツ語であるため、この言葉の使われ方はもっと広い。今、そのことをドイツ人ブロッホも引用する一七世紀初頭のシェークスピア劇の中から読みとってみよう。

シェークスピア劇の中で最も有名なあの『ハムレット』劇がその例である。周知の通りあの『ハムレット』劇は、父王を暗殺され、王位を叔父クローデイアスに奪われ、あまつさえ母ゲルトルードまで奪われたと信ずる王子ハムレットの復讐劇である。叔父クローデイアス王の真意を確かめるため、王子ハムレットは、ある日、王城を訪れた劇団に、国王暗殺の芝居を王宮のクローデイアス王、ゲルトルード王妃の前で演じさせる（第三幕第二場）。その芝居を観劇していたクローデイアス王は、「不愉快だ‼」といって途中から退席してしまう。つまり、クローデイアス王は、自分の行為をそっくりそのまま再現してみせた芝居に、生理的な「不快感」を覚えたのである。その様子を見ていた王子ハムレットは、父王暗殺を確信し復讐劇を実行に移すことになる。

以上のような筋立ての『ハムレット』劇で、クローディアス王が鏡に映されたような自分の過去の行為に「不快感」を覚えてこそ、この芝居の展開がありえたことに留意すべきだろう。鏡に映されたような自分の行為に自己満足を覚えていただけなら、あの『ハムレット』劇の展開はありえなかったのである。

要するに、「疎遠」の意味は、鏡の中の私自身に「疎遠な感じ」を持つことであり、自分の置かれた状況に「異化」された思いを抱くことである。別言すれば「異化」"Verfremdung"とは、「鏡の中の私」と「それを見ている私」との間に、"Verfremdung"の頭文字を取って「V字型」の感情、「V字型」の拒否反応を示すことである。戦前のブレヒトの発言をそのままなぞらえれば、「事件の過程や人間の性格が自明のものと見なされることのないよう、それらを慣れ親しんだものからずらすこと、置き換えること」（『異化』白水社、八三頁）だというのである。戦前のブレヒトの場合、彼の演劇の演出の仕方は、当時のファシズム批判を展開するに当たって、ファシズム的日常に慣れ親しんでいる民衆に対して、その日常的感覚に違和感を覚えさせることが狙いであった。確かにあの「V効果」「異化作用」は、一般化しようとする日常的ファシズム感覚に対して異議申したてになった。

だが、彼の方法は、戦後の東ドイツのスターリン主義的体制を超えていただろうか。この点について、多くの論者は「超えていた」と考えている。亡命先のアメリカから東ドイツに帰国し、ベルリーナー・アンサンブルを主宰して演劇活動を再開し、その死に至るまでの期間はわずか数年にしかすぎない。しかも東ドイツ体制が不条理な権力主義に陥る危険性があるたびに、彼は、常に批判と警告を発してもいたからである。だが、東欧が重大な事態に立ち至るあの第一次東欧動乱（一九五六年一〇月）直前に、彼はこの世を去ってしまっている。とにかく、ブレヒトのあの「V効果」「異化作用」は「社会主義リアリズム」などとはまったく無縁なものであり、しかも極めて現代的なものであるのは、言うまでもない。

第四節　エルンスト・ブロッホ訪問

戦前のブレヒトの活躍と同時期に、ブレヒトへの言及を含む論文を『異化』にまとめていたエルンスト・ブロッホ（一八八五－一九七七年）は、言うまでもないことながら、戦前から著名な思想家であった。あのM・ウェーバーは二人の著名な弟子を持ったと言われている。一人は近代西欧思想史上の「イデオロギー性」を追求したG・ルカーチ、もう一人は同じく近代西欧思想史上にみる「ユートピア性」を追求したE・ブロッホというのである。

ルカーチがソ連型マルクス主義とは違う西欧型マルクス主義を追い求めていたのに対して、ブロッホの場合は、マルクス主義を内に含みながらも、マルクス主義を越えていた。したがって、ブロッホの思考性は、戦後の東ドイツに籍を置きながらも、東ドイツの支配体制に与《くみ》することはなかった。そこで、あの有名な「ベルリンの壁」が構築され東西交通が東側から遮断される一九六一年、ブロッホは西ドイツへ亡命する。その上で、フランクフルトのズールカンプ社から出版したのが、以上紹介してきた『異化Ⅰ Ⅱ』（一九六二年）であった。この時、彼は既に七〇歳台の後半に達していた。

亡命してきたブロッホは西ドイツの南のチュービンゲン大学近辺に居を構えた。そのチュービンゲン大学でなおも旺盛な教授活動と著作活動に精を出し、多くの人々から熱い期待を寄せられていたものである。前にも述べておいたように、私自身は『異化』の共同翻訳に加わるはずであったので、一九六六年夏、ドイツ留学の際には、ブロッホ教授宅を訪問したいと願っていた。そこで、現代思潮社の石井恭二社長からズールカンプ社に連絡してもらい、ズールカンプ社からブロッホ教授に、『異化』の日本語共同翻訳者の一人だと紹介しておいてもらった。一九六六年度の私の初めてのヨーロッパ旅行では、私自身、多くのものを学ぶことになり、その経過については、別章で詳しく紹介するつもりであるが、まずブロッホ教授宅訪問の話を聞いていただきたい。

チュービンゲンの市《まち》は、中央駅の北側をネッカー河が流れ、この河から更に北側の坂の上に旧い街並みがあった。確かネッカー河の北側で坂にかかる手前の街の一角、疎らだが瀟洒な街の一角にブロッホ教授の自宅があった。翻訳者の一人という触れ込みであったので（？）、同教授が玄関で待ち構えていてくれるほどの歓待を受けた。

挨拶の後、さっそくの私の同教授への質問は、あの著作の中の原語の若干の不確かな部分からの質問であった。これに対しては、ブロッホ教授は非常に丁寧に説明してくれた。

その後で、私は例の「鏡の中の自我像」の話に話題を切り替えた。私は「鏡」などというものが無ければ、人は自分のことについてどんなにか「無頓着《ウンベキンメルト》」で、どんなにか「気楽な《ゾルクロス》」状態でいられることでしょうかと、呟《つぶや》いた。するとブロッホ教授は、「そういう訳にもゆくまい」と応じてくれた。人生は様々な機会に反省をせまられたり、自分が嫌になったり、思わず賛成でもない意見にうなずいたりする事態に追い込まれたりすることがあるじゃないか、そんなとき、「鏡の中の嫌な自分の顔」を見ることは大いなる反省になるものだよ、とのこと。相互に微笑みながらではあるが、その後は、何やら軽い「禅問答」のようなものになってしまって、時間が過ぎて行ってしまった。

その後、ズーズーシくも、教授の老奥様の手をわずらわして、早目の夕食までご馳走になってしまった。さて、夕食後、早目に同教授宅を暇乞いしなければならなかったのは、その日のうちにフランクフルト市の定宿に戻らなければならなかったからである。暇乞いに先立って、私は同教授に尋ねた。「先生より若い世代で、先生の推薦される人物は誰ですか?」と。答えは「アドルノ」ということであった。アドルノが属したいわゆる「フランクフルト学派」が世界的知名度を得る直前であった。しかし、アドルノが『否定弁証法』を発表したのは、私がブロッホ教授宅を訪問した同じ一九六六年の直後のことであった。勿論、当時の私がそんなことを知っている訳がなかった。しかし、この『否定弁証法』は、アドルノが前々から発表していたものを一冊にしたものらしく、ブロッホはそれら前々の諸論文に目を通していたのだろう。だが、私としてもこの著作を、フランクフルトに戻ってすぐにも手にとって読んだわけではない。

そうは言うものの、後刻、この著作を読んでみて、改めてブロッホとの同一的思考性に驚いたものである。これまでの哲学では、主体を統一された同一性として捉えてきた。その上で、統一された主体に基づいて対象世界を構築してきた。ところが、まずアドルノは主体を統一された同一性とは捉えない。主体にも同一性からはみ出したもの、非同一的なものがあることから出発し、結局、「弁証法とはこの非同一的なものを意識する」ことから展開するものだと考える。主体における「非同一的なもの」と「同一的なもの」とは、何のことはない「鏡の中に映る嫌な私を見て不快に感ずる私」以外の何ものでもないのではなかろうか。では、そのような弁証法の発展の果てに考えられる「全体的なもの」とは何か。アドルノは、端的に言う。そんなものは「ウソでデタラメだ！」と。

それじゃあ、そのような弁証法では社会論や国家論は論じられず、所詮は美学領域にとどまるだけではないかという批判は当然出てくる。今までマルクス主義を含めた社会論や国家論には散々「ダマサレテ」来た。したがってそんなもの「無くったってイイジャナイノ!!」というのが、アドルノの本音であった。「社会論」などは、所詮、われわれの「対《つい》幻想」によって成るものであり、「国家論」などはわれわれの「共同幻想」にしかすぎないとする吉本隆明氏の発言に慣れていたわれわれの世代に、アドルノのこの発言は、それほど抵抗感なく受け容れられたのではあるまいか。

第五節　フランクフルト大学を尋ねて

一九六六年の夏、エルンスト・ブロッホ教授にアドルノを推薦される以前に、私どもはアドルノの所属していた「フランクフルト大学社会研究所」（これに所属していた人々が後ほど「フランクフルト学派」と呼ばれることになる）の話は、かなり知っていた。だからこそ、私としてもこの六六年の留学先としてフランクフルト大学を選んだのであった。

この「研究所」に所属していた人物の中で、戦前に既に日本の学界でも有名になっていたのは、何といってもヴィットフォーゲルであったろう。彼の研究する「アジア的生産様式論」は、戦前の日本の東畑精一氏や平野義太郎氏らによって詳しく日本に紹介され、多くの論争を引き起していたものである。しかし、ヴィットフォーゲルの研究は特殊なものであり、しかも彼はこの「研究所」では主流派ではなかった。このヴィットフォーゲルを除いて、同「研究所」出身の思想家として、いち早く紹介されていたのは、ヘルベルト・マルクーゼであったのではないだろうか。

私自身、大学院生であった時から彼の名前と著作はよく知っていた。特に、ヘーゲルの新しい読み方である『理性と革命』（原著一九四一年、邦訳、岩波書店）などについては、院生同士で研究会を設け、討論会まで催けたものであった。更には、マルクスを別様に論じた『初期マルクス』（原著一九三二年、未来社）、何とフロイトを文明史の中に読みこんだ『エロス的文明』（原著一九五五年、未来社）などは、私どもに驚きの連続であった。その上、私どもにとっては若干先輩格に当る片岡啓治氏が、ソ連マルクス主義批判の書である『工業社会とマルクス主義』（原著一九五八年、林書店）を、私のドイツ留学直後に出版されることになるので、マルクーゼの名前は、例の世界的学生叛乱の季節で有名になる以前から、日本の読書界にはかなり浸透していたと思う。ただし、私が帰国した後、一九六七年から始まるフランス・ドイツの学生叛乱の季節に、彼の名前が世界的に知名度を得るまでには、まだ若干の時間があった。

それにしても、私が渡独し、六六年後半の学期をフランクフルト大学とその周辺の旧市街で過ごした時には、まだ目立った学生のデモなどは見られなかった。とはいえ、途中、パリやロンドンに遊びに出かけたりするあまり勤勉でない留学生（遊学生？）であったため、学生運動の初期動向を見失なっていたのか知れない。ただ、同大学のモダンな校舎の、しかも白塗りの壁のいたる所にスプレーによる学生の落書き、主としてベトナム反戦と大学の管理体制に対する批判の落書きが散乱していたのには驚いた。このフランクフルト大学ではアルフレット・シュミット氏の下で学ぶ予定であったのだが、あまりに腰の落ちつかない私に対して、同氏は何度か数時間にもわたって、フランクフルト大学社会研究所の人々の動向、並びに最近の学生の動向について講義（？）、いや話をして下さったものである。

シュミット氏の話は、ズールカンプ社編集者某氏の話とも符合するものであった。ブロッホ教授への紹介状を出しておいてくれたズールカンプ社を、チュービンゲンから帰って早々、お礼と表敬とをこめて訪問したのである。すると、同社の若い担当編集者は私を昼飯にさそってくれた。そこで、その編集者が言うには、西ドイツ全体の大学で、ベトナム反戦の動きと、ドイツ大学の持つ特有な（？）権威主義的管理体質に対する学生、青年の批判の声が高まってきているとのこと。したがって、ズールカンプ社としては、かってこの大学（つまりフランクフルト大学）の「社会研究所」に依った面々の著作の刊行を急いでいるとのこと。ただし、彼らのすべてはアメリカに亡命しているので、その版権取得がこれまた大変だとのことであった。ところで、日本での「研究所」の面々の知名度はどうだろうか――これが彼の聞き出したい本音であったのであろう。私は、先ほど私が感じている話を率直に話した。すると、その編集者はわが社で出版することになる彼らの著作を、日本で大いに宣伝してくれ（大笑！）とのこと。私も大笑いしながら「勿論ですとも」と応じた。ただし、その編集者の言う学生たちの大学当局に対する不満の声を直接聞くことなしに、私は一九六七年春、早々に帰国せざるをえなかった。

第四章　叛乱の季節

第一節　西欧の「学生叛乱」

ところが、私が帰国してから数ヶ月後になると、フランス、西ドイツの学生たちは大きく動き出すことになる。まず、西ドイツ・ベルリン自由大学で、一九六七年七月、ベトナム反戦と大学改革要求を掲げた学生の大集会がもたれることになる。そのシンポジュウムにアメリカからヘルベルト・マルクーゼが招待され、活発な討論が展開された。H・マルクーゼは前にも述べておいたように、もともと、フランクフルト大学の「社会研究所」のメンバーであったのだが、ナチスに追われてアメリカに亡命していたのである。

彼のベルリン自由大学での講演のテーマは、「ユートピアの終焉」というものであった。教条マルクス主義は、「空想《ユートピア》」から「科学」へということを繰り返し主張してきた。その際、「空想」と「科学」の西欧思想史上の実質を問うこと無しにである。マルクーゼの主張は、「ユートピア性」を失ってしまって、逆にマルクス主義は思想としての力を枯渇させてしまったというのである。このような講演の趣旨が、「ユートピアの精神」を追い求めてきた先ほどのE・ブロッホの思想といかに近いかは、一目瞭然であろう。ちなみに付け加えるなら、この時のマルクーゼの講演「ユートピアの終焉」は拙訳で出版されることになる（一九六八年、合同出版、後二〇一六年中央公論新社より新装版）。

このような動きは、翌一九六八年五月になると、パリの諸大学に爆発的に広がって行くことになる。後ほど、いわゆる「パリ五月の叛乱」とまで呼ばれた事態である。

もともと、この年の五月上旬のパリでは、北ベトナム爆撃を停止したアメリカ側が、ベトナム和平交渉のための予備会談を持つはずであった。しかし、アメリカはあくまでも南ベトナム傀儡《かいらい》政権を支持しての対北交渉であったため、誰の目にもその欺瞞性は明らかであった。この欺瞞性に反発したのが、まずパリ大学ナンテール校の学生たちであった。ところが、大学当局は社会秩序を乱す学生たちを排除すると称して、大学を閉鎖してしまったのである。この事態に、フランスの名門大学ソルボンヌ大学の学生たちも連帯のために立ちあがる。しかし、ここでも大学当局は大学を閉鎖してしまう。大学構内に入れなくなった学生たちはカルチェ・ラタンに集まり、ここを解放区だと主張して、排除に出動してきた警官隊、治安部隊と激突することになる。

学生たちの主張、ベトナム和平交渉の欺瞞性についてはパリの各種労働組合でも同意見であった。そこで弾圧される学生たちに味方して、それぞれの労働組合がストライキに立ちあがる。この動きは、アッという間にフランス全土に波及する。五月上旬に始まった学生叛乱に呼応したフランス労働者の数は、五月末には、一〇〇〇万人に及んだとも言われている。学生たちの叛乱の意図は、初め、ベトナム和平交渉の欺瞞性に端を発したものであるが、やがてその怒りは既成の大学の権威主義的体質に向けられて行き、最後には、資本主義、社会主義を問わずに存在し続ける、現代社会の抑圧体制そのものに対する反発にまで広がって行くことになる。

フランスの学生たちのこのような動向にあの実存主義者ジャン＝ポール・サルトルが連帯の意志を表明したことが、この運動を世界的なものにしたのではないだろうか。少なくとも、当時の日本の文芸界のみならず、われわれ「遅れてきた世代」もまた、実存主義者サルトルの思考性には非常な好意を持っていたからである。

われわれの世代は、戦後すぐの段階で争われたあの「新日本文学」派と「近代文学」派との間の「主体性論争」――蔵原惟人や甘粕石介らと本多秋五や荒正人らとの間で争われた――を受けて、大学生となっていた。あの戦後すぐの時期の論争から数年、いや一〇年たっても思想状況は変わらなかった。「新日本文学」派の日共系マルクス主義者たちは、相も変わらず、現状の客観主義的分析を繰り返し、「主体性」などをホザク輩《やから》は「プチブル的反動だ」（甘粕）と息巻いていた。しかし、彼らの言う客観的状況に参入するか、それとも傍観するかはまた別の問題だろう。その時、あのような状況の下でのサルトルの主体性論が登場してきたのである。日本的現実の中で、既に述べておいたように、日共の蔵原惟人が「神様扱い」されたような状況は、フランス共産党にはない。第二次世界大戦初期のフランス共産党の対独対応は、まさに噴飯ものそのものであったからである。したがってこの時のサルトルの態度は、日本では新鮮な感覚で受け止められたと言っていい。

ここで若干、アカデミズムにおける実存主義の取扱いについて触れて置きたい。当時のアカデミズムにおいて現代実存主義については、サルトルというよりドイツ実存主義のハイデッガー研究の方が主流であったと思う。ハイデッガーは、周知の通り、ナチスに加担したというおぞましい経験を持っていたにせよ、何故か学生にも人気があった。あの『存在と時間』におけるわれわれ普通の人間の生き様《ざま》の分析は、当時の左翼系学生からも評価されていたのである。つまり、限定された時間を生きることさえ忘れ、他の事物と同じようにだらだらと生きる人間――いわゆる「ダス・マン」（事物のような「ヒト」の生き方）に対する批判がそれである。

では、どのように生きるべきか。ハイデッガーは、「死に先がけて」「先駆的決意性」をもって生きることだと主張する。この「先駆的決意性《フォルラウヘンデ・エントシュロッセンハイト》」という思想は当時のデモ運動に参加している学生たちには、ことのほか評判がよかった。『存在と時間』ゼミナールの原佑《はらたく》先生、あるいは先輩の渡辺二郎氏まで、あの言葉を社会運動の擁護にするなんて曲解もはなはだしい、と渋い顔をされたものである。しかし、われわれ受講生も譲らなかった。ハイデッガーだって自分の解釈学的方法を、状況や時代に合わせて使っているじゃないですか。状況、時代に合わせて解釈できるというのはその思想の優秀さを示すものであって、解釈できないという思想は、時代とともに滅びるはずのものではないですか、と。先生を散々手こずらせたので、評価は「不可」かと思っていたら、何と「優」であった。恩師の原佑先生や先輩で助手であった渡辺二郎氏には、その後、学会でお会いする度に、「お前たちには手をヤカされたよ」と笑いながら話かけて下さったものである。

いささか話がサルトルを離れて、実存主義そのものの話になってしまった。話を再び、一九六八年のフランスの学生叛乱に賛同したサルトルに戻す。当時のフランスの学生たちの批判が、資本主義、社会主義を問わず、現実社会に存在する抑圧体制そのものに向けられていたことは、既に述べておいた通りである。この時、何とサルトルは当時の中国毛沢東派に心寄せつつ、学生叛乱に加担していたのである。

え？　と思われる向きも多いかと思う。あの時の中国は共産党支配体制が固定化し、何かと既成事実にこだわる傾向が目立ち始めていた。これに対して、毛沢東派は既成事実を打破する「更なる革命」を呼びかけていたのである。やがてこの傾向は、いわゆる「文化大革命」と呼ばれる事態を引き起こし、後世、必ずしも芳しい評価を受けているわけではない事態となる。しかし、それは後世の評価であって、スタート期の毛沢東派は共産党支配下でも見られる既成事実への固執、権力主義的体質維持への抵抗を呼びかけていたのである。したがって、サルトルがフランスの学生叛乱の趣旨に中国毛沢東派の主張を重ね合せたとしても、おかしくは無かった。勿論、フランス共産党はこの学生叛乱を暴徒として非難し、サルトルとも敵対することになる。

当初、「子供たちの馬鹿騒ぎだ」と高をくくっていたド・ゴール政権も、各労働組合のゼネストにまで事態が発展するや慌て出し、五月末には国民議会を解散し、改めて国民に信を問う態度に出ざるをえなかった。しかも、この総選挙に臨んでの公約には、労働者の賃金引き上げ、慣例としてあった国民の各種権利の法制化、大学の「自治や民主化要求」の是認等々を掲げざるをえなかったのである。結果はド・ゴール派の勝利。その結果、「学生叛乱」は急速に終焉に向う。とは言え、かなり権力、権威主義的なド・ゴール政権をここまで追い詰め、諸改革を実行せざるをえなくさせたこれら学生・労働者の一連の動きを、「パリ五月革命」と呼ぶ人々さえいる。そしてまた、終始、

「学生叛乱」に敵対し続けたフランス共産党のその後の凋落もまた、誰の目にも明らかになって行く。

第二節　日本の東大、日大闘争

日本の場合の「学生叛乱」は、西ドイツやフランスの場合とはまったく別な事情からスタートしたものであり、西欧の運動との連帯から始まったものではない。

日本の場合、一九六八年二月中旬、医師法改正に抗議する東京大学医学部自治会の学生側と医学部教授会、病院側との対立が事件の発端であった。教授会は内科医局長をカンヅメにし、暴行を加えたとして、一七名の学生、研修生を処分した。ところが、この処分はまことに杜撰なものであった。そのうちの一人は、当日、東京に居なかったとのことである。と、分かれば処分を見直すのが当然のはず。だが、教授会側は一旦下した処分を見直そうとはしなかった。東京大学のもつこのような事大主義的、権威主義的体質に他学部の学生たちの多くも反発し、ストに立ちあがった。それから夏にかけて、医学部自治会の安田講堂占拠、大学当局による機動隊導入といった事態に発展するや、他学部自治会のストも無期限ストに発展して行った。

それまでの日本の大学は、国公立、私立を問わず、あらかたがこの種の事大主義的、権威主義的体質を持っていた。東京大学の学生自治会の動きを他大学の学生たちも傍観していたわけではない。彼らもまた自分たちの大学の持つ問題点を大学当局に突きつけ、次々と闘争に立ちあがった。一九六八年の夏から秋にかけて、全国大学の約八〇%に当る一六五校が闘争に入り、うち半数に当る約七〇校がバリケード封鎖されてしまったという。これら諸大学のうち、最大のマンモス大学と言われた日本大学の学生たちの闘争へのたちあがりが、最も印象的であった。

日本大学の場合、問題の発端は、六八年の春、東京国税局の調査によって明らかになった大学の二二億円（二一世紀の今日なら二〇〇億円か？）にものぼる使途不明金問題であった。この問題をめぐって、大学の某課長は失踪し、女性某主任は自宅で自殺してしまっている。厖大な学生数に対する教育施設の貧弱さ、それに加えるに、大学当局の隠蔽体質は従来からも学生側から反発を受けていたらしい。しかし、その度毎に大学当局の意図を受けた右翼学生集団によってその反発は押さえつけられてきたという。だが、さすがに今回ばかりはそういう訳《わけ》にはいかなかった。大学当局の今回の不祥事に対する批判は、たちまち各学部学生たちの間に広がって行った。六八年五月末（あのフランスの「学生叛乱」と同時期）には、各学部生有志による全学総決起集会がもたれることになり、これが全学共闘会議（いわゆる「全共闘」）を発足させ、やがて全国大学の闘争学生と共闘を組んで行くことになる。

その上で、日大「全共闘」は、九月三〇日、日大の会頭以下全理事との「大衆団交」の開催に成功する。場所は何と両国講堂であり、「全共闘」側は講堂を埋めつくす三万五〇〇〇人もの学生を結集させたという。そこで「全共闘」側は、学内の検閲制度の廃止、経理の全面公開、全理事の引責退陣などを要求した。考えてみれば、これは革命的要求などではなく、当然の要求であったと言える。どんな組織だって近代的組織である限り、経理の全面公開だの、失踪者、自殺者まで出した出納《すいとう》の不詳事件の責任追及などといったことは、まことにアタリマエのはずである。勿論、会頭以下の全理事は、「全共闘」側の要求に応ずる旨の文書にサインし、事態は一応落着するかに思われた。

ところがである。月が変って六八年一〇月一日、時の首相佐藤栄作は、この事態の前後の事情を知らないまま、ある懇談会の席上、あの集会は集団暴力の結果であるので容認できない旨の発言。この発言にわが意を得たりとばかり、日大当局は、前日の確認書のすべてを破棄し、全員居座りを決めてしまう。その上で、日大当局は学生側指導者の八名を刑事告発し、学内のバリケード撤去のため、大量の機動隊導入を要請し、学生側と激しい衝突を繰り返すことになる。

私はＴＶの画面で見ていたのだが、本来なら大学側に立つはずの体育会系、右翼系の学生までバリケード内の学生たちの側に立って、機動隊と激しく衝突していたのは強烈な印象であった。そしてまた、そのことを報ずるＴＶアナウンサーの上ずった声も、今もって印象に残っている。

一九六八年暮れの段階で、東大、日大の「全共闘」をめぐる社会的状況は以上のようなものであった。このような状況の下で、某大手新聞の社会部記者が当時の民間右翼の大物児玉誉士夫《こだまよしお》氏にインタヴューした記事もまた、今もって鮮やかに思い出される。児玉誉士夫氏は、当時の右翼団体の七〇％を傘下に収めていると豪語し、自ら「青思会」という右翼組織を作り、彼らに武闘訓練までさせていたのである。その社会部記者は、各大学や街頭での学生側デモと機動隊の乱闘事件を見るにつけ、伝統的右翼勢力は、今、出動すべき時ではないのかと尋ねたのである。それに対して児玉誉士夫氏は答えたという。「いや、今、われわれの出番はない。世間は学生たちに圧倒的に味方しているからだ」と。

明けて一九六九年一月一六日、総退陣した東大・大河内執行部に代って登場した加藤仮執行部は、日本共産党直系の「民青」やノンポリ学生（主として法学部学生）との間の交渉で、スト収拾に成功し、「全共闘」系の籠もる大学構内のバリケードを撤去してしまう。後は安田講堂の封鎖解除だけである。この加藤仮執行部の決断を受けて、「全共闘」系の学生たちの大部分は、勢力温存のため大学構内から自主的に退去していた。したがって、選ばれて最後まで安田講堂に踏みとどまったのは数百名の学生でしかなかった。勿論、激しい攻防戦の後、全員が逮捕される。

六九年一月一八日から一九日にかけての二日間、安田講堂をめぐる数百人の学生たちと、八五〇〇人の機動隊との攻防戦が繰り広げられる。激しい投石と火焔瓶の落下、それに対する無数の催涙弾の応酬。多くのヘリコプターが上空を舞い、大学を遠くから取り囲んだ一般市民と学生たちの怒号と喊声が響き合う。あれはまさしく一つの時代の象徴的シーンであったし、また後世に語り継がれるべきシーンであったろう。勿論、八箇機動隊の力に抵抗しうべくもなく、籠城学生のすべてが逮捕され、この事件の山場は終った。

この後、六九年九月五日には、各大学の「全共闘」系の残存学生が全国大学に呼びかけ、日比谷野外音楽堂において、「全国全共闘」が結成されることになる。参集した二万数千の全国大学の学生代表者たちを前にして、議長に東大「全共闘」の山本義隆氏（ただ同氏はあの安田講堂攻防戦で逮捕され、勾留中）、副議長に日大「全共闘」の秋田明大《あけひろ》氏が選出された。だが、この時期以降は各大学当局の方が強気になり、各大学内の抗議バリケードは次々に撤去され、「全共闘」運動は急速に萎《しぼ》んでいかざるをえない時期に入る。「全共闘」運動が衰勢に向かうのに反して、この運動を支えていたラジカル・セクトの各派が全面に出てくることになる。きびしい内ゲバと激しい街頭闘争を繰り広げる各セクトは、必ずしも世論の支持を当てにしていたものではなかったので、しだいに一般学生からさえ浮いた存在になって行く。

その終局の事件というべきか、学生運動そのものに「止めを刺した」事件が起こる。一九七二年（昭和四七）二月一九日に発生した連合赤軍による、軽井沢の「浅間山荘」事件がそれである。周知の通り、猟銃で武装した五人の連合赤軍が、山荘の管理人を人質にして籠城したのである。後で分かったことであるが、彼らは同志一二名をも自己反省を迫るという名目のリンチで殺害していた、という。この事件は投石、火炎瓶闘争とはわけが違っていた。この山荘を取り囲む重武装の機動隊との攻防戦は、ＴＶで逐次放映され、その視聴率は何と九七％にまで達していたそうである。すべての日本人がＴＶに釘付けにされたと言っていい数字である。

私もまた一〇日間ほどＴＶの前に釘付けになっていた。しかし、私は極めて現代的なこのシーンを見詰めながら、異様な感慨にもとらわれていた。それは山荘に籠る連合赤軍のメンバーの母親と思われる人々が、代わる代わる山荘に向って「〇〇ちゃん、皆さんにご迷惑をかけているので、すぐにも出ていらっしゃい！」と呼びかけているのである。あのメンバーの有力者の一人坂東国男の父親にいたっては、大津市内において、「世間を騒がせて申し訳ない」と遺書を残し自殺までしてしまっていた（二月一六日のこと）。実は、西ドイツの学生運動も「バーダー、マインホーフ事件」

という内ゲバ事件で自滅して行くことになるのだが、事件当事者の父親や母親が出てきて、世間に詫びるなどということはまったく無かった。日本の場合は無意識的に「日本的なもの」、まだ「前近代的なもの」が残っているということなのであろうか。

第三節　西欧の叛乱学生の資質

またしても話を先走りさせたようである。もう一度、話を学生運動の最盛期に戻す。一九六八年から六九年にかけて、フランス、西ドイツ、日本での学生運動が一斉に盛り上がった。これは世界同時的現象であって、相互に影響しあって起こった現象ではない。とは言え、西欧の現実と日本の現実とを比較研究したいとする西ドイツ学生運動家たちが、日本の諸大学に相当多数留学してきていた。フランス系はよく分らない。しかし西ドイツ系の場合は私たち諸大学でドイツ語を教えている仲間たちに連絡があり、その結果、私たちは彼らの多くを接待したり、都内案内をしたりでおおわらわになったことがある。勿論、彼らを日本の「全共闘」系の学生たちに引き合わせるについては、私どもは通訳を買って出ざるをえなかった。

彼らのうち、フランクフルト大学から東京大学に留学してきていたザイフェルト君という学生がいた。彼は、フランクフルト大学の学生叛乱の時、あのハーバーマス教授が叛乱学生に向って「左翼ファシスト」という言葉を浴びせたことに激昂し、同教授を吊し上げた猛者《もさ》学生であった。

さて、これはいささか余談になるのだが、日本の学生たちとの討論の後、ザイフェルト君を観光も兼ねて、一日、池上の本門寺見学に招待したことがある。私と妻とザイフェルト君が同じタクシーに乗り、本門寺に着き、降りようとした。すると、真っ先ににザイフェルト君がタクシーを降り、私の妻に「奥様、お手を」といって降りる妻に手を貸してくれたものである。私の妻が後ほど言うには、「あれで暴れ学生だったんですか。とんでもない。素晴らしい紳士じゃないですか！」というのである。良くも悪くも、この一件で西欧叛乱学生の指導層の社会的位置が分かろうというものである。案の定、その後ドイツに帰ったザイフェルト君は、ハイデルベルク大学の教授職におさまることになる。

更にまた、新しく来日した叛乱学生の数人を都内見物を兼ねて本郷の東京大学構内を外側から観察させたところ、「この大学はベルリン・フンボルト大学に依拠して作られたとは聞いてきたが、建物の配置や何かはむしろミュンヘン大学に似ているな⁉」というのである。私も三年ほど前、「留学」という名の遊び歩きをした際、ミュンヘン大学も訪れたことがある。そこで「遊び歩きでの留学経験者の感想としては同感だ」と答えたところ、皆んなも「遊び歩きの留学」に同感したものか、大笑いをしたものである。

日本の学生たちとの討論の過程で、彼らのよく口にした言葉は「抑圧」という新語であった。それまでの学生運動家たちが使っていた「弾圧」という言葉に代るものであった。彼らは大学を含む高度資本主義社会の体質を民衆に対する「抑圧」体質と捉えていたということである。この「抑圧」という言葉は伝統的マルクス主義からは出てこない。この言葉は、マルクス主義に精神分析を加えた「フランクフルト学派」の基本用語に由来するものである。特に、この学派の一員であったあのH・マルクーゼが、一九六七年七月、ベルリン自由大学の叛乱学生との討論『ユートピアの終焉』（拙訳、中央公論新社）で盛んに用いて以来、一般的用語になったと言っていい。そこで、通訳の私としても、単なる通訳としてではなく、この学派を本格的に追求しなければという思いに駆られることになる。

日本でも学生叛乱が起り始まった一九六八年前半、当時、大学を卒業したばかりの古賀暹氏が、新知識を論ずる新しい雑誌を作らないかという話を、私や私と大学院の同期生であった廣松渉氏に持ちかけてきたのである。勿論、廣松氏も私も賛同し、新雑誌『情況』を一九六八年八月に創刊することになる。この『情況』という言葉は、かってサルトルらの雑誌『シュトゥアシオーン』に由来するものであった。この創刊号に、私は「マルクーゼの思想と西ドイツ新左翼」という内容のエッセイを発表した。今にして思えば、これが一応まとまった形で、マルクーゼを含む「フランクフルト学派」を紹介した最初のエッセイであったのではないかと思う。そしてまた、同年八月、雑誌『世界』（岩波書店刊）でも、「西ドイツ社会主義学生同盟の軌跡と背景」という紹介記事を書かせてもらった。しかし、これらのエッセイや記事には内心では不満であった。というのも、これらの文章の素材や出典のあらかたは、来日したあの西ドイツ学生たちのもたらしてくれたものであったからである。

一九六八年から六九年にかけての時期は、西ドイツからの学生たちと、日本の「全共闘」系学生たちとの討論の通訳でほとんど費やされてしまった。私としては、是非とも、再び西ドイツに渡り、これら西ドイツ学生たちに影響を与えた思想家に直接会い、彼の語り口からその思想体質を確かめたいという思いに駆られることになった。そこで、一九七〇年六月、今度は自費で一切を賄うことにし、運賃の安いエジプト航空を選び羽田を飛び立った。そうは言いながら、今回もまた現代思潮社社長の石井恭二さんを煩《わずら》わして、フランクフルトのズールカンプ社に連絡を入れてもらい、同社からマックス・ホクハイマー教授宅に翻訳者が訪問する旨の紹介状を出しておいてもらった。

第四節　マックス・ホクハイマー訪問

フランクフルト大学では、前回、助手であったか、非常勤講師（向こうでは私講師）であったかしたあのアルフレッド・シュミット氏は、今回は大学の正式スタッフ（助教授？）になっていて、自宅まで招待してくれて大歓迎をしてくれた。ズールカンプ社では前の編集者が、これまた心よく迎えてくれた。この前の表敬訪問では昼飯をご馳走になったので、今回はこちらが昼飯をご馳走することにした。日本料理店を捜したのだがすぐ見つからないので、中華料理店に入った。中華料理店は西欧諸都市のいたる所ですぐにも見つかる。勿論、フランクフルト市にも中華料理店街があり、出版社からすぐ近くにあったので、これにはビックリしたものである。さてそこで、その編集者から、紹介状が既にスイス・ルガーノ湖畔のホルクハイマー宅に届いているはずだから、安心して出向いてこいとの返事を受け取った。

フランクフルトからイタリアに近い南スイスのルガーノ湖畔ということになると、特急を使っても日帰りは無理なので、往き復りとも一泊づつチューリッヒに宿をとった。さて、ルガーノ湖を見下ろす高台にホルクハイマー教授宅はあった。その高台に上る麓の町の名前が、何とカリプソだというのには驚いた。なんでスイスの湖畔の町にラテン・アメリカ的な名前の町があるのだろうか。それとも、オデュッセウスを長く引き留めた古代ギリシアのあの魅力的魔女にちなんだものであろうかとも訝《いぶか》ったものである。

ホルクハイマー教授は、高台の山荘風の自宅の前まで出て来ていて、私を大歓迎してむかえ入れてくれた。ところが、同教授と挨拶を交しながら、私は驚いた。というのは、写真で見た限りのホルクハイマーは、威風堂々たる美丈夫のはずであった。だが、目の前のホルクハイマーは、腰がやや曲ったせいか、私の背丈とほとんど同じくらいの体躯であった。一九八五年生まれの同教授のことであるから、私が面会した時には、まだ七〇歳半ばであったはず。それにしてもひどい老《ふ》けこみようである。しかし、眼光はあくまでも鋭かった。

書斎に招き入れられ、再度の挨拶がすむと私はさっそく説明した。ホルクハイマー先生の主催された「フランクフルト学派」の思想は、アジアでは唯一、日本が受け容れる社会的基盤が出来ている、と。例えば、あの『啓蒙の弁証法』だって様々な読み方があるだろうが、「啓蒙」の進展が「野蛮」への退行にもつながると読むなら、このような思想は実際に「啓蒙」期の果てに、不幸なことながらあの第二次世界大戦に突入した日本のような社会状況の下でこそ当てはまる思想だと思う、とも説明を付け足した。

すると、彼は日本のことについてはかっての同僚だったヴィットフォーゲルを通して知っていた。その上、あのフランクフルト大学「社会研究所」にはかなりの数の日本人が尋ねて来ていたものだ（その代表者が平野義太郎氏）とも話してくれた。その上、ホルクハイマー自身がかってあのマンハイム教授のゼミナールに参加した時にも、名前を失念してしまったが、ある日本人留学生と親しくなったとのこと。その後の調査でその日本人は新明正道氏であったことが判明。ところで、先生の研究動向については、既にして戦前から日本に紹介されていると話したところ、彼は、その紹介者の名前を思い出せなかったが、その事実だけは記憶しておられた。実はその日本人とは久野収氏のことであった。

その後、アドルノ教授の早世は残念なことでしたとお悔みを申し述べたついでに、更にまだまだお元気そうなマルクーゼ教授とは連絡を取り合っておられるのかと尋ねたところ、意外や、まったく音信不通になっているとのことであった。この間、奥様（と思っていたのだが、奥様は亡くなられていたので、あの方は家政婦さん？）には、コーヒーのお代りまでしてもらい恐縮したものである。

これらの遣り取りは同教授の書斎で行なわれた。ホルクハイマー教授が書棚を背にして椅子に座り、私が同教授に向きあった椅子に座るという形である。話をしながら、私は同教授の背後の書棚に目をやった。新版のヘーゲル全集があった。日本でもお馴染みの版である。ヘーゲル全集の次は、当然、マルクス・エンゲルス全集だろうと思い、目をやった。ところが何とさにあらずであり、次のものはショーペンハウアー全集であったのである。これにはいささか驚き、あわせて晩年のホルクハイマーの思想状況が手に取るように理解できたような思いになったものである。

かつてのブロッホ教授訪問の時と同じように、ホルクハイマー教授宅でも夕食を食べていけというお誘いにズーズーしくも、甘えることになった。老奥様（家政婦さん？）の手料理が出来るまでの間、教授に二階のベランダへ行こうと誘われた。そこからは暮れかかるルガーノ湖が一望出来、素晴らしい光景であった。すると教授は私に向って、「どうだ素晴らしい景色だろう！」と話しかけ、私の肩を軽くたたいてくれた。「ええ、何という素晴らしい光景でしょうか！」と私。すると、教授は一段と声を落し、呟《つぶや》くように「ようやく私は、平和《フリート》の館《ホーフ》に到達したのだ」と語ったものである。教授は「平和《フリート》」と「館《ホーフ》」とをやや切り離して発音した。だが、この語を切り離さず「フリートホーフ」と発音すれば、「墓場」という意味になる。そこで、私は何と答えていいものやら返事に窮してしまった。私の戸惑いを見てか、ホルクハイマー教授は微笑し、「さ、食事だ、下に行こう」と誘ってくれた。

以上の思い出は、帰国して一九七一年四月号の『中央公論』本誌に、「ルガーノ紀行——ホルクハイマー会見記」として発表したものである。この記事を読んで下さった方々から、ホルクハイマーと関わりを持った人物は誰某ではないかというお手紙を頂き、それに基づいて私自身が調べた限りでの日本人の人名である。それらお手紙をいただいた方々の中に、ホルクハイマーの許に留学した体験をお持ちの小牧治氏もおられた。それにしても、あの時、ホルクハイマー教授の語った「ようやく私は平和の館（「墓場」？）に到達した」と言う言葉が気になってならなかった。あの言葉には、当時、御自身の身体の不調を感じとり、自からの老いと病魔に対する苦闘の意味が込められていたのだろうか。私がルガーノを訪問した三年後には、ホルクハイマー教授はこの世を去ってしまわれた。

ホルクハイマー教授の訃報に接し、やはり気になって仕方がなかったのは、あの時の、書棚の一番手の届く所にあったショーペンハウアー全集のことである。戦後のホルクハイマー教授の論文に、「ショーペンハウアー論」があることは知ってはいた。しかし、それはいわゆる「合理主義的啓蒙」を批判するに当ってのいわゆる補助的意見としてだけだと思っていた。しかし、どうもそれだけではないらしいことは、同教授の書籍の置き方で直観したものである。

むずかしい議論を抜きにしてまず考えてみよう。現代マルクス主義まで含めた「合理的啓蒙」の系譜には、生きて活動するに当たっての生の声が聞きとれない。ショーペンハウアーが歴史的にあるいは哲学史的にどういう位置づけを与えられているのか、ホルクハイマー教授が知らないはずはない。しかし、そんなことよりも、同教授はショーペンハウアーの著作(言うまでもなくあの『意志と表象としての世界』)に、まず何よりも「生きる意志」「生きて認識する意志」の重視を感じとったのではあるまいか。ましてや、同教授に迫る老いと病魔に対する格闘が始まっていたとするなら、なお更のことであろう。

第五節 『啓蒙の弁証法』の読み方

こう考えてくると、「フランクフルト学派」関係の思想家たちの関心、関与の幅の広さには、今更ながら驚かされる。

ブロッホの場合は、暗い情念を歌いあげたあのヴァーグナー楽劇好みで有名であった。またアドルノも後期ヴァーグナーの不協和音使用を高く評価している（拙著『ヴァーグナー家の人々』中公文庫）。ホルクハイマーの「生きるための意志」評価によるショーペンハウアー傾斜は、前節で述べてきた通りである。また、マルクーゼの無意識追求の結果フロイト左派への接近。ベンヤミンに至っては古いパリの「パッサージュ」を求めて、こともあろうにあの『悪の華』のボードレールとの親和性を語る。更にはアドルノにいたっては、伝統的価値を否定したニーチェに、しかも宗教でも理性でもない芸術による救済を目ざしたニーチェに強い親近感を抱いて行くことになる。

これに対して、旧来のマルクス－レーニン主義者たちの思想は、一九五〇年代前半でピークに達し、それ以降は凋落傾向を示すが、それでもなお「フランクフルト学派」関係の人々を、あるいはこの学派と関連を持った思想家たちを、堕落したブルジョア文化の申し子であり、社会主義思想、あるいは弁証法的唯物論的思考に対する敵対者であるなどと主張して憚《はばか》らなかった。しかし、一九五〇年代後半以降、なかんずく一九六〇年代に入る頃、われわれ「遅れてきた若い世代」が、民主主義を隠れ蓑《みの》にしたこのような旧左翼（主として日本共産党に同調的な）の論者たちを黙殺か、冷笑で過してきたことは、既に何度か述べてきた。とは言え、一九六〇年段階ではまだ「フランクフルト学派」の主著はおろか、彼らの多彩な文化活動の諸側面はいまだ明らかにされてはいなかった。

かって、この学派のメンバーであったマルクーゼを最初に紹介したのは、前にも述べておいたように、一九六八年八月創刊号の雑誌『情況』であった。しかし、このエッセイは来日していた西ドイツ学生たちからの知識によるものであることを述べておいた。彼らはザイフェルト君（彼はフランクフルト大学学生叛乱の主導者の一人）を除いて、一九六七年七月のベルリン自由大学におけるマルクーゼとの討論集会を経験した後、来日していたのである。したがって、『情況』誌上での私のエッセイは、この学派のほんの一端を紹介したにすぎないものであった。そうこうしている内に、この学派についての独文、英文による紹介が次々と出版されるようになって来た。つまり、アメリカ、西欧諸国における学生叛乱がこの学派を世界的知名度に引き上げたのである。

とは言え、何といってもこの学派の主著にも当る『啓蒙の弁証法』が平易な日本語訳で読めるようにならなければ、この学派の本来の趣旨が伝えられたことにはならない。この労を執られたのが、かってアドルノの許に留学経験を持っておられた大阪大学の徳永恂氏であった。とは言え、この著作の主要部分は、大阪大学の徳永恂氏と北海道大学の池田英三氏との共訳という形で、一九七六年の『現代思想』誌上に掲載されたことがある。あの主著の主要な主旨とは、「序文」「第一章 啓蒙の概念」「第二章 オデュッセウスあるいは神話と啓蒙」の諸章だけで、十分意が尽されている。あの『現代思想』誌上では、これらの諸章が流麗な訳文に置き換えられていた。したがって、この著作が徳永恂氏の単独全訳で、一九九〇年一月、岩波書店から出版される以前に、日本の読書界には、この主著の意義は十分伝わっていたのではあるまいか。私自身、徳永氏の学識に敬意を表し、半年間ほど大阪大学に出向き、徳永ゼミナールに参加させてもらった経験がある。

「フランクフルト学派」全体の主著にも当るこの『啓蒙の弁証法』の読み方には、様々あるだろうと思われる。ホメロスの神話的叙事詩の中に、既にして冷酷な「近代性」を読みとり、逆に、近代的啓蒙精神の中に神話的「残忍さ」を認めることの著作の主旨を、より身近なものにするために、われわれは近代日本文化史の中での何と関連づけて語ればよいのであろうか。私自身は、この主著の主旨を、昭和一六年に論争されたあの「近代の超克」との関連で語るべきだと考えるようになり、後ほどやや詳しく紹介するように人前でも語るようになっていった。

実は、『啓蒙の弁証法』の出版は、日本で昭和一七年（一九四二）九月号、一〇月号の『文学界』で論じられた「近代の超克」とほぼ同じ頃、即ち、昭和一九年（一九四四）、ホルクハイマーとアドルノによって語り合われた討論の出版であった。この著作が再び大きく話題になるようになったのは、再三述べてきたように、一九六〇年代末の西欧学生の叛乱の季節以降であった。一九四四年の質素なタイプ印刷の刷り物が人目に触れるようになったのは、一九六九年、西ドイツの有名な出版社フィッシャー社から出版されたことによる。またあのズールカンプ社の『アドルノ全集』にも収められることになる。

一九六九年といえば、私がスイスのルガーノ湖畔にホルクハイマー教授を訪ねた年の前の年に当り、アドルノの死去の年であり、ホルクハイマー教授本人はあの老いの身をやっと持ちこたえていた頃であった。勿論、私自身もあの一九七〇年ホルクハイマー教授訪問の時には、『啓蒙の弁証法』再版のことは知っていたが、何せこの時の訪問では書棚のショーペンハウアー全集と同教授の沈痛なジョークに気を取られすぎて、この著作について問い質す精神的暇《いとま》はなかった。

次には、当然にもこの『啓蒙の弁証法』の批判的継承者であるユルゲン・ハーバーマスについて語らなければならないのであるが、その前に一九七〇年度の渡欧の途中の出来事をエピソード的に聞いてもらわなければならない。一九六六年度、E・ブロッホに会うための最初の渡欧の途中の体験は、後ほど一九八九年のソ連東欧社会主義の自滅の時の体験との比較で聞いていただくつもりである。

第六節　テロ事件に直接遭遇

一九七〇年度の渡欧に当っては、運賃の安いエジプト航空を利用したことは前にも述べておいた。運賃が安いだけに、この航空は何と鈍行列車並の各空港寄港の飛行機であった。途中、香港、バンコック、ボンベイと途中寄港し、カイロを経て、スイスのチューリッヒからフランクフルトへ向うというのである。どうせ急ぐ旅ではないので、それぞれの滞在国のビザをあらかじめ取って置いて、それぞれの空港の都市見物と決めこんだ。それはいいのだが、カイロ空港でトンデモナイ事件に巻き込まれてしまったのである。

カイロ空港上空に到着したら、航空機の一機が黒煙を上げて燃えているではないか。後で分かったことなのだが、反政府ゲリラに空港が襲撃された直後であるらしかった。そこでわれわれの乗ってきた航空機はカイロ空港ではない近くの別の空港に降りることになった。この時期は西ドイツでも学生叛乱が下火になるに従って、弁護士のバーダー、女性ジャーナリストであったマインホーフを中心としたテロ・グループ（前述のバーダー＝マインホーフ事件）が各地で問題を引き起すようになり、何と後ほどの一九七七年には検事総長のブバックまでテロの犠牲になるほどであった。そんな空気を十分承知の上での旅行ではあったのだが……。

われわれのエジプト航空機が別の空港に降り立ったはいいが、われわれ乗客が空港ロビーに向かおうとするや、機関銃で武装した武装集団に取り囲まれてしまった。その指揮官らしい人物が、（英語で）言うには、空港の建物の壁に並んで立てというのである。東京からの便であったので、日本人も多く乗っていた。あとはそれぞれの空港から乗り込んだ東南アジアの人々が多かった。そこで、私は震いあがって口もきけなくなっている乗客を代弁して、指揮官に向って叫んだ。

「何と無礼なことをする。われわれは皆、平和な観光客なのだぞ!!」と。

英語とドイツ語で叫んだものである。すると、その指揮官はドイツ語の方にすぐに反応して、答えた。

「申し訳ない。われわれは政府軍である。カイロ空港の惨状を見て来たろう。皆さん方の中にテロリストが混じっていないかどうか、身体、持ち物を検査させてもらいたい。どうぞ協力をお願いしたい！」とのことであった。

その指揮官は次に英語で同趣旨の説明をしたので、東南アジア系の人々も納得し、安心して検査に応じたものである。

その後、われわれは機関銃を据え付けられている軍用トラックに分乗させられ、砂漠の中をかなりの時間走って、カイロ市のホテルに宿泊させられた。私との相部屋の相手はインド人青年であった。カイロ市での一泊の予定はなく、しかも無料ということなので其のインド青年は大喜びをし、その上、不謹慎なことには「ヴィヴァ、ゲリラ‼」（ゲリラ、万歳！）とまで言い出す始末であった。二人して、ホテルの窓から下を覗《のぞ》くと、何んと入り口には土嚢が積み重ねられ、機関銃を水平に構えた兵士たちがニラミをきかせていた。同室のインド青年に言わせると、インドではパキスタンとの小競り合いやら国内宗教紛争やらで、こんなことは日常しょっちゅうのことなのだそうである。

やがて、カイロからドイツ行きの別な航空機に乗り換え、ようやくフランクフルト空港に着き、ほっとしたものである。そこで、フランクフルトのルガーノ湖畔のホルクハイマー教授宅を訪問する前、同社の例の編集者にカイロでの体験の話をした。カイロで、政府軍指揮官との間でドイツ語でよく話が出来たことを報告した。

すると、その編集者はさもやありなんとの顔であった。エジプトはイギリスの植民地であったので、カイロの指導者、知識人が英語を理解しているのは当たり前だと思う。しかし、第二次世界大戦後、独立したはずのエジプトがスエズ運河国有を宣言するや、たちまちイギリス、フランス軍がエジプトに武力侵攻した事件は、君も知っているだろう。あの事件は、確かスターリン批判の後、東欧が動乱を起した一九五六年にソ連軍が東欧に出動したドサクサにまぎれての事件であったはずだ。あの事件からまだ一〇数年しかたっていないので、カイロの人々の特にイギリスに対する反感はなおも強いものがあるだろう。

これに対して、日本人の君も知っているだろうが、あの大戦での北アフリカ戦線では、かの有名なロンメル元帥麾下のドイツ戦車軍団が活躍した。ロンメル元帥は当時のドイツ軍人らしくないヒューマニストであり、かつ心底では反ナチであり、対戦したイギリス軍の戦車軍団からも称賛されていたことは、君も聞いて知っているだろう。当時のエジプトの人々は、ロンメル軍団によってイギリス支配から脱却できると幻想を抱いたはずだ。だから、カイロの年輩の人々は戦時中のそんな思いもあって、君のドイツ語にすぐにも反応したのではないだろうか――これがあの編集者の答えであった。

この答えは、西ドイツ人のいささか手前味噌的発言として聴き流しはした。しかし、それにしてもあの時のエジプト軍指揮官のドイツ語へのとっさの反応はまぎれもない事実であったので、考えさせられることが多かった。旧日本軍の中国を含めた東南アジアでの傲慢無礼な振る舞いを聞くにつれ、今日の東南アジアの現地指揮官がとっさに日本語で対応してくれるような事例がありうるだろうか。

それはともあれ、恐怖の一瞬、カイロの小部隊指揮官のドイツ語による対応は、半世紀を経た今日でも鮮やかに思い出される。大きな歴史的事象にぶつかって、「体験と反省」がどう形成されるべきかの生きた示唆をえた思いであった。ズールカンプ編集者とのこのような対話の後、ルガーノ湖畔に赴いた話は前に述べておいた通りである。

第五章　ニューヨークからミュンヘンへ

第一節　「寺子（小）屋教室」の思い出

ホルクハイマー教授宅訪問の後、フランクフルト大学のA・シュミット氏あるいは同大学の学生たちとの対話を重ねて、七〇年の年末には帰国することになった。

帰国してみると、西ドイツから来日していた学生たちのあらかたは帰国してしまっていた。しかし、そのうちの何人かは東京にとどまり、都内各大学での日本事情（日本文化？）講義の聴講生になっていた。そこで彼らのアルバイト（ドイツ語ではネーベンアルバイト）の一つにしてあげようと思い、一九七一年七月には、「ドイツ語塾」を高田馬場駅前のマンションの一室を借りて開くことになった。すると、従来のありきたりの大学の講義に不満を持っていた多くの学生たちから、ドイツ人学生による「ドイツ語塾」だけではなく、アクチュアルなテーマでのアクチュアルな講義が聞きたいという声が寄せられることになり、それに応ずることになった。

大学院で同期であったあの廣松渉氏も大いに賛成してくれ、私ともども講師になり、また受講生になることにもなった。名前をどうしようかということになった際、ある学生が日本の伝統的な庶民教育機関の名前である「寺子屋」がいいのではないかと言い出した。すると別な学生が「寺子屋」では何やら宗教臭いので、寺の脇の掘っ立て小屋での何やら土匪《どひ》の集まり場所みたいな「寺子(小)屋」がいいのではないかと言い張った。すると、皆んなが「それがいい、それがいい」ということになり、アッと言う間に「寺子(小)屋教室」に決まってしまった。

勿論、講師にはほぼ手弁当で多くの方々においでいただいた。連続の講座を務めて下さった方々は、橋川文三、片岡啓治、芳賀登、廣松渉といった人々であり、単発の講義の講師となると数知れない。正式の発足は確か一九七一年七月中旬であったかと思う。こうして「寺子(小)屋教室」を開いてみると、意外やマルクス主義あるいはマルクス関連の講義にはあまり人気がなく、むしろ、橋川氏の幕末思想、特に後期水戸学の問題点、更にはそれらを踏まえての近代日本思想史。あるいは芳賀氏の幕末国学運動などといった講義に人気が集中した。両氏のこれらの講義は軽いものではなく、渾身からの講義であり、普通の大学で聞けるようなものではなかった。

私はこういった事情を、一九七五年八月号の『中央公論』本誌上で、「マルクスに人気がなく、国学・水戸学大盛況は何故か」と題して発表したところ、まったく意外な反応が返ってきた。何と水戸の旧殿様、徳川氏から「今時、水戸学とは奇特である。何なら、原史料を見せるから水戸に来ないか」というお誘いの手紙であった。江戸の土匪、土賊《どぞく》を自称するわれわれに、水戸の殿様からのお誘いとは——と、一同驚いたものであった。そこで原史料の件もあるので、「寺子(小)屋教室」を代表して、片岡啓治氏が水戸に出向き、徳川氏にお礼を申し上げたものである。

さて、「寺子（小）屋」の人気講師の一人、橋川文三氏には二つのテーマで話をしてもらった。一つは後期水戸学から初期近代日本思想史への流れについて。もう一つは、あの有名な「近代の超克」をめぐる諸問題についてであった。私は両方の受講生になったが、特に後者の「近代の超克」論では廣松渉氏と同席する受講生になった。廣松氏の著作『近代の超克』は、この講義の直後、当時の雑誌『流動』に発表されたものであり、それが基になって、後年、講談社学術文庫に収められた（一九八九年）ものである。つまり、廣松氏のこの著作は橋川氏の講義に執拗に食いさがった結果の成果であったと言える。

もう一人の人気講師芳賀登氏の講義は、既に『幕末国学の展開』（昭和三八年　塙書房）としてまとめられていた論文集の実態調査の話であった。信州の伊那谷調査のこぼれ話やら、島崎藤村の父「島崎正樹」をめぐる小説『夜明け前』の木曽路調査のエピソードなどは興味の尽きない話であった。受講生の中にはこの講義の後、直接、信州に出向いて行って、この種の研究の後継者になった者もいるほどであった。私も芳賀氏の講義に魅了され、かつ小説『夜明け前』の主人公青山半蔵（実は島崎藤村の実父島崎正樹）の悲劇に心奪われ、いつの日かこの悲劇をめぐる思想史的論文を手がけてみたいと思ったほどである。

私自身、講師としてはやはり「フランクフルト学派」周辺の思想家の原典講読から始めた。取りあげたのは、ブロッホの『異化』のサワリの部分、マルクーゼの『ユートピアの終焉』のマルクーゼの演説の部分、それにホルクハイマーとアドルノの共著『啓蒙の弁証法』の「序文」といったものである。何せそばにドイツ人留学生が多くいてくれたお陰で、これらの原典におけるやや難解なドイツ語の意味の幅を聞き出すのは容易であった。その上で、私は「フランクフルト学派」全体の基調を語ったあの『啓蒙の弁証法』と日本のあの「近代の超克」の示した類似性と差異性とを考えるべきではないかと語ったものである。しかし、私の問題提起は必ずしもすべての受講生の賛同を得られたわけではなかった。

すると、ある受講生から次のような意見がとび出した。一九七〇年代の半ばを過ぎる頃になると、建築分野を筆頭にして、「ポスト・モダン論」が一般用語としても多く語られてくるようになっていたので、『啓蒙の弁証法』も『近代の超克』もそれぞれの文化における「ポスト・モダン論」の先駆として捉えてはどうか、という意見である。こうアドヴァイスしてくれたのは、やがて広島大学に職をえて、建築史の著作を次々に発表して行くことになる杉本俊多氏であった。

この「ポスト・モダン論」の思想的集大成とも言うべき著作が、日本でも紹介されることになる。リオタールの『ポスト・モダンの条件』（一九七九年）がそれである。この著作の中で語られる例えば「大きな物語の時代は終った」などという発言は、考えてみれば、「理性的近代」「合理的啓蒙」などという「大きな物語」への信頼が失なわれてしまったと読み換えるなら、『啓蒙の弁証法』も『近代の超克』も、ともどもこの種のポスト・モダン的思考性に収斂《しゅうれん》されるものなのかも知れない。後ほど少し詳しく見て行くが、リオタール的「ポスト・モダン論」にはいささかの違和感を感じながらも、昨今のこの様な思考性が、私のドイツと日本の近代思想理解には多少の追い風になってくれていることも認めないわけにはゆかなかった。

第二節　ニューヨーク・ホウフストラ大学での講義体験

したがって、私もまたこのような風潮に逆らわず、学生たちに向って多くを語り、またかなりの数のエッセイ、論文を発表したりもしてきた。

すると、一九七九年の夏学期にニューヨークのホウフストラ大学で同趣旨の講義をしないかという話が舞い込んできた。もともと同大学はニューヨーク私立大学の一つとしてスタートしながら、場所が市の中心よりやや離れていたため独立の大学になったのだそうである。そこで、私は「ポスト・モダン的風潮の中での、ドイツと日本における近代批判」というテーマを、数ヶ月かけて英訳し、一九七九年春早々、ニューヨークへ向かった。

確かに、ホウフストラ大学はニューヨークから横に延びるロングアイランド島にあり、ニューヨークの中心駅ペンシルヴァニア駅（彼らはペン・ステーションと呼んでいた）から、普通電車で三〇分、急行で二〇分くらいの位置にあった。東京駅からだと立川駅、千葉駅、川崎駅ぐらいの位置だろうか。近くにセオドール・ルーズベルト大統領旧宅がよく保存されていたのを覚えている。

大学は閑静な住宅街の脇に広大な芝生をめぐらした一角にあった。来校を歓迎するレセプションを、私を招聘してくれた教授宅で開いてもらった。私が教授宅の玄関を入ると、教授の奥様がピアノ演奏で、多くの他の教授たちが拍手で迎えてくれた。私は感謝しつつ、「何と素晴らしい〝マダム・バタフライ〟演奏であったことでしょうか」と挨拶すると、教授たちから小さいドヨメキが起きた。あの演奏は「ある晴れた日に」の曲であったのだ。どうやら、私は教授たちの教養テストに合格したようだった。それ以後、教授たちは腹を割って話してくれるようになったし、また公式には言い難《にく》いことも話してくれるようになった。

例えば、私を招聘してくれた教授は、実は、ユダヤ系アメリカ人であった。私としてはナチスに追われて亡命してきた家族であり、宗教的には寛容な国に亡命してきたのであるから、自由に自分の信仰を誇示しえているだろうと思っていたのだが、どうもそうでもなさそうであった。教授宅には多くの学生たちも出入りするので、その教授のユダヤ教徒としての徴《しるし》は、来客のほとんど気付かない所に、むしろ隠してあった。また別の教授の出身地はアイルランドとのこと。そこで、私は、さぞかしイギリスに対してはアンビヴァレントな感情（好感と嫌悪の入り混じった感情）をお持ちでしょうねと水を向けてみた。すると、案の定、その通りだという返事であった。しかし、ここアメリカではそんな感情は無用でしょうとまた水を向けてみた。すると、その教授は若干の間を置いて、ここアメリカの支配層がイギリス系なのは君も知っているだろうとのこと。今度は、私の方が黙りこまざるをえなかった。

さて、私の授業の方はどうかと言うと、初めの二、三回ぐらいまで私が語り出す度毎に、学生の中から爆笑に近い笑い声が起った。そこで不安になった私は、私の英語が間違っているのかと学生たちに尋ねてみた。すると、「いやいやとんでもない、立派すぎる英語ですよ」というのである。そこでまた、私の英語はアメリカン・イングリッシュではなく、キングズ・イングリッシュに近いのかと問い質してみたら、学生の一人が笑いながら、「いやいや、まるでシェイクスピア・イングリッシュを聞いているようですよ」とのこと。とすると、私は「しからばでござる」「これを何々と言わずして、何と言うべけんや」式の英語を用意して行ったことになる。そこで一人の学生に頼んで私の講義録に手を入れてもらい、ようやく学生からの笑い声が少なくなった。

私の講義の内容は白人学生たちにはよく理解されたと思う。講義の題名「ポスト・モダン的風潮の中での、ドイツと日本における近代批判」は前もって大学に届け出してあり、受講学生のかなりの数は、ナチスに追われてアメリカに亡命してきたユダヤ系ドイツ人を祖父あるいは父に持つ学生であり、中には家庭では祖父や祖母は今もってドイツ語を使っているという学生さえいたほどだからである。したがって、そのような家庭を持つ学生の一人は、私の講義の間中、この学派に関する古典的解説書であるマルチン・ジェイのあの『弁証法的想像力』（一九七三年刊）を脇に置いていたほどである。しかし、受講学生のうちアフリカ系学生（昔は黒人と呼んでいた）たちの中には、問題の所在がどこにあるのかさえ理解できなかった学生たちが多かったように思う。これは知的能力の問題ではなく、関心の所在がまったく違うことによるものだろう。

ところで、私が授業を進めて行くうちに気になって仕方のないことがあった。それは白人学生とアフリカ系学生がハッキリ左右に分れて席についていることである。休み時間になり、三々五々芝生に腰を下して雑談に興じている時も、両者混在という光景はほとんど見かけられなかった。日本のＴＶや映画でアメリカの学生たちが映し出される時は、いつも両者混在で和気藹々《わきあいあい》の雰囲気が伝えられていたのに、これは一体どうしたことか。そこで私は白人受講生の一人をつかまえて聞いてみた。

「授業中も、休み時間中も、どうして両者混在の交わり方をしないのよ」

するとその白人受講生は答えた。

「プロフェッサー・シミズ、それが差別ですか。われわれは公の場で差別なんかしていませんよ。ですが、プライベートな場で誰と親しくするかということは、各人の自由じゃないですか。それが自由というものですよ」、と。

私は、ウーンと唸《うな》らざるをえなかった。

「しかし、そうは言うものの、君たち白人学生はアジア人の私の講義を良く聞いてくれているではないか」

すると、その学生の答えは、何と「アジア人の中でも、日本人はわれわれにとって〝名誉白人〟ですよ！」というのである。これにもまた私はウーンと唸らざるをえなかった。当時の日本は第二次高度成長期に当り、日本人の平均所得は確かアメリカ人を抜いており、「ジャパン・イズ・ナンバーワン」などとオダテアゲられて、いい気になっていた時代であったからである。

この話を私を招聘してくれたユダヤ系の教授に話をすると、その学生の言う通り、公の場での差別は解消されつつある。しかし、プライベート領域での内的抑圧はまだまだ強いとのことであった。現に、この大学地区の白人住宅街でもアフリカ系の人間が住みつくことを嫌う雰囲気がある。アフリカ系住人が増えると地価が下がる傾向があるからだ、というのである。そして、この教授のユダヤ教徒としての徴が隠された所にあったことは、前にも述べておいた通りである。

第三節　ピストル武装の学生に守られてのニューヨーク見物

それはさておき、白人受講学生たちもアフリカ系受講学生たちも、私には本当に親切であった。ある日曜日、受講学生の一人がニューヨークのマンハッタン地区見物に私を誘ってくれた。その学生は一見白人であるが、実はアフリカ系の血も一部密かに混じっているので、やはり内的抑圧には悩まされ続けているとのこと。その学生は自家用車で私の宿舎まで乗りつけ、これからブロードウェイやらセントラルパーク、更にはハーレム地区をご案内する。ところで、ピストルで武装（勿論、その許可証も持って）してきたから、どうぞご安心下さいというのである。私は腰を抜かさんばかりにビックリしてしまった。彼の運転する車の助手席に座って見てみると、彼は運転レバー側の足許にピストルを装備していた。車の前に立ち塞がる強盗に対応するためなのだそうである。

ブロードウェイは前々から聞いていた通り、劇場や映画館の林立するきらびやかな街並であった。新宿、渋谷、池袋のようなゴミゴミした感じはまったく無かったが、所々に屋台のような店が出ていて人気がありそうなのには、驚いた。この辺のレストランに入ればいかにも高価そうなので、屋台に人気が集まるのだろう。

さて、ブロードウェイの北の突き当りがセントラルパークであった。自動車がセントラルパークに近づくにつれ、運転の学生が奇妙なことを言い出した。「小額紙幣を上のポケットに入れておいて下さいよ」と言うのである。「何故？」と問い質す私に彼が答えて言うには、

「もし、セントラルパーク内でホールド・アップ（つまり強盗）に出会ったら、プロフェッサー・シミズ、決して〝サムライ精神〟なんか発揮しちゃいけませんよ！　ホールド・アップは上のポケットの小額紙幣を抜き取ったら、そのまま逃げて行くはずですよ」と。

セントラルパーク内では何やら胡散《うさん》臭い集団に二、三度出会いはした。学生が言うには薬物中毒者なのだそうであるが、幸いホールド・アップには出会わなかった。それにしても、東京の銀座、有楽町のすぐ北の日比谷公園内で、「もし強盗に出会ったら」などということを外国人に忠告する日本人がいるだろうか。今更ながら、多国籍と自由の国とは他面で治安の悪さでもあることを痛感させられたものである。

セントラルパークの南側が最高級ホテル街かつ最高級マンション群であったのに対して、北側のハーレム街の街の雰囲気は何とみすぼらしかったことか。私たちが着いたのは夕方近くになっていたが、ニューヨークなのに廃虚のようなビル、火事の跡そのままのようなビルが建ち並んでいた。もっぱらアフリカ系住民の住む低層のアパート群がずっと並び、それぞれの入口前には、無数の老若男女の人々が半裸で夕涼みをしていた。なるほど町の空気全体が一触即発的雰囲気なので、例のアメリカ市民権運動もこの地区から発生、発展して行ったことも分るような気がした。またそれとともに、アメリカの市民権運動やベトナム反戦運動の担い手たちと、同じ運動とはいいながら、西欧や日本の担い手たちとの社会層の違いも、実感させられたものである。

私を連れて行ってくれた学生は、一見、白人のようでありながらアフリカ系の血が混じっていることは、前に述べておいた。その学生はこの地区に入るや生き生きとした状態になり、夕涼みをしていた一軒のお爺さんに親しげな挨拶を交していた。その後、私をハーレム地区のそれぞれの有名店に案内してくれた。アフリカ系ミュージシャンの生演奏で有名なアポロ劇場も、その入口だけを見せてもらった。時間がないので入場するわけにはゆかなかったが。

その後、この町の有名な土産物屋に入り、最後にはこれまたかなり有名らしい書籍店につれて行ってもらった。その書籍店には、あの故ルーサー・キング牧師の写真が飾られており、しかも並べられた書籍のうちには、あの西欧の学生叛乱関係の書籍もかなり見受けられた。同行してくれた例の学生も「ほら、プロフェッサー・シミズの言う参考文献がかなりあるでしょう」、と私と並んで指差してくれた。しかし、長居は出来なかった。その学生を夕食に誘い、その日のうちにロングアイランドに戻らなければならなかったからである。

後刻、あのユダヤ系教授にハーレム探訪の報告をしていると、ヘルベルト・マルクーゼ死去のニュースが入ってきた。宿舎にも日本の毎日新聞から追悼文の依頼が届いていたが、締切日に間に合わないので、他の人に頼んでくれるよう電報を出しておいた。私の慌てぶりを見て、あのユダヤ系教授が言うには、私の講義が最近の「ポスト・モダン」的風潮の中でのドイツと日本の「脱近代」思想の紹介という点では、学生たちも納得しているようだが、しかし、ドイツの場合は同じ学派でも別な意見を持っている人物もいるはずだから、その点も紹介してみてはいかがかと言うのである。同じ学派でも別な意見を持つ人物とは、言うまでもなくあのユルゲン・ハーバーマスのことである。ハーバーマスもかなり頻繁にアメリカの大学で講義をもった経験があるので、アメリカの社会科学分野ではかなり有名になっているらしかった。

あのユダヤ系教授に対しては、勿論、私としても講義の終りの所でそのことに触れるつもりだし、又、この講義の後、ドイツに飛んでハーバーマスに会う予定にもなっていると告げると、目を丸くして驚いた様子であった。ハーバーマスについては、ここホウフストラ大学での講義（七九年）の一〇年ほど前の一九六九年頃、フランクフルト大学からの留学生ザイフェルト君の口を通しても知っていた。確かに、ハーバーマスは叛乱学生たちを「左翼ファシスト」呼ばわりをして、ザイフェルト君らに噛みつかれ、吊し上げられたこともある。しかし、ハーバーマスが「フランクフルト学派」第二世代の代表者として、社会理論としてはやや袋小路に落ち行った感のある第一世代に必ずしも同調せず、独自の道を歩んでいることは数々の著作で知られていた。

特に彼を有名にしたのは、後ほど述べるごとく、この時代のトレンドである「（社会）システム」一元論のルーマンとの論争であったのではあるまいか。あの論争でハーバーマスは、「システムに統合されない「生活世界」、「生活世界」における「理性」のあり方の追求に目を向けたのであった。ハーバーマスを吊し上げたあのザイフェルト君の、日本を去るに当って残した言葉は、「確かに私たちはハーバーマスに噛みつきはした。しかし、彼が現在の西ドイツ思想界をリードするかも知れない思想家なので、プロフェッサー・シミズ、彼の紹介をよろしくお願いする」というものであった。

そう言われるまでもなく、私がニューヨークに来る以前、大学時代の恩師城塚登氏と相談し、私のニューヨークでの講義が終わりしだい、ハーバーマス訪問のため、ミュンヘンで同氏とお会いする予定であった。私の講義が終わって出発までまだ数日の余裕があったので、九月末だったかのある日曜日、ニューヨーク私立大学近くのアパートだったかに夫婦して来ておられた粉川哲夫氏を訪問したことがある。勿論、粉川氏ご夫婦には大歓迎をしてもらった（勿論、ビールで！）。

粉川氏は「フランクフルト学派」にも関心を寄せておられ、国家のあり方と現代テクノロジーの関係を中心にして論考を進めておられた方であった。お会いして話をしているうちに、難かしい話はそっちのけになり、ニューヨークの治安がいかに悪いかの話になってしまった。私の訪問する少し前も、このアパートの目の前の街角で幼女誘拐事件があり、惨殺で終ってしまったとのこと。三人して数階建てのアパートの窓から身を乗り出し、その街角を見てウナッテしまったものである。私はセントラルパークでの見聞の話をし、自由と治安とはいかに両立し難いかの話から、ビールの味の話に移ってしまったことを覚えている。

第四節　ワーグナーを求めてバイロイトへ

講義が終わり、私を招聘してくれたあのユダヤ系教授との日本での再会を固く約束しつつ、私はニューヨークからミュンヘンへ飛んだ。一九七九年の九月末だったかと思う。恩師城塚登氏と会う約束の日より、やはり数日前だったので、私はその足でニュールンベルクあるいはその北のバイロン市に赴いた。日頃、関心をもっていたワーグナーの旧宅のあるいはバイロイト祝祭劇場を見るためである。バイロイト市は夏休みの「バイロイト祭」も終わって観光客も去り、閑散としていた。

したがって、心おきなくワーグナー関連の諸施設を見学できたつもりである。

周知の通り、ナチス時代、このバイロイト市は「ナチスの聖地」と化していた。というのも、ヒトラーはワーグナー音楽とともにワーグナー一族をナチス精神高昂のため徹底的に利用し尽くしたからである。勿論、ワーグナーの音楽はナチスに利用されるだけの幅の狭いものではない。私が、ここワーグナーの旧宅「ヴァーンフリート（狂気からの解放、それとも狂気と平穏?）館」を訪れた時には「記念博物館」になっていた。しかも、その展示写真にはあのエルンスト・ブロッホが当館を訪れた際の写真、それに、ワーグナー音楽とともにワーグナー音楽理論を称賛したアドルノの原稿とともに彼本人の写真まで展示されていたのには、少なからず驚いた。「フランクフルト学派」関連の人物群を配置することによって、戦後におけるワーグナー音楽の更なる存在理由《レーゾン・デートル》を誇示するつもりなのであろう。

短期間ではあったが、十分な成果を得てミュンヘンに戻った。なお、この時の私のバイロイト市訪問については、後年、『ヴァーグナー家の人々』（中央公論文庫、一九八〇年初版―なお文中の七九年九月末の訪問は私の記憶違いであり、一〇月上旬になっていたはず）に収録しておいたので、ご覧いただければ幸いである。

ミュンヘンのホテルで城塚氏に再会すると、様々な雑談の後で、私は笑いながら「母校での英語教育はまったくなっていませんよ」と苦情を申し立てたところ、同氏もまたカラカラと笑い出し、「左様、しからばでござる」式の英語を使ったんだろう。そんな英語でも相手に通じたんだったら、それでいいじゃないかという、まことに無責任な返事（大笑）であった。「それで試験もやって来たんだろう。」「いや、論文提出にしてきたんですが、タイプ（当時はまだパソコンは普及していなかった）打ちの論文はまだいいのですが、手書きとなると、読み取るのに閉口しました」と応じたところ、「そりゃ日本語だって同じことよ」というやはりすげない返事であった。

ハーバーマスとの約束の日まではまだ二、三日あるので、城塚氏とともに市内をほっつき歩き、かの有名なホーフブロイ・ハウスに入ることにした。これは、かってヒトラーがナチス党結成の第一声を放ったビヤホールとして世界的に有名になった場所である。全館あわせると数千席、一階だけでも五〇〇席のテーブルがあるという。ちょうど「ビール祭り」とやらが開かれている時であった。内部はほぼ満席であったが、外国人観光客と見てか、二人分の席を空けてくれた。

人々の話し声がドヨメキとなって天井に響くなかで、私は城塚氏に次のように語った。

「先生、良くも悪くも、この雰囲気がドイツ的なものの特徴の一つではないのでしょうか。私は、この腹に響くようなドヨメキとそれに陶酔している人々に、ワーグナーの音楽とその愛好者たちとの類似性さえ認めたくなります。」

「私は音楽のことはよく分らないが、このバイエルン王国（その首都がここミュンヘン）の国王ルードヴィヒⅡ世もまたワーグナーに陶酔して身を滅ぼしたんだろう。」

「ええ、そうなんですよ。」

「今、行ってきたばかりです。そこで意外と言うべきか、いや、むしろ当然と言うべきか、ある人物たちの写真を見つけて唸ってしまっているところなんです。」

そこで私は城塚氏にバイロイト市のワーグナー旧宅「ヴァーンフリート館」が「ワーグナー記念

館」になっていたこと、そこにはブロッホやアドルノの写真が飾られていたことなどを話した。アドルノの「リヒアルト・ワーグナーのアクチュアリティー」は、一九六三年の「バイロイト祭」用のパンフレットに掲載されたものであるので、「ワーグナー記念館」に彼の顔写真とともに展示されていたのは当然であるにしても、音楽にさほどのめりこんでいそうにも思えないブロッホの訪問写真まで飾ってあったのには、いささか驚いた、という話をした。

そんな話をしているうちに、二、三の泥酔客は酔いつぶれてテーブルに突っ伏してしまっているのに、バイエルン風俗の楽団の演奏に合せて、周りのドイツ人たちは何やらわからない地元の歌らしきものの大合唱を始めた。周りのドイツ人たちに失礼にならないよう、城塚氏と私は一礼してそっとビヤホールを抜け出したものである。

「あれがドイツ的なものの一面ということを、私としても認めるのに吝《やぶさ》かではないが、ドイツ的なもののもう一つの側面、あくまでも高い理想、精神の世界を求めるという特徴もまた、ドイツ的なもののはずだよ。」

と城塚氏。

勿論、その意見に異存のあろうはずはない。今、私たちが尋ねようとしているJ・ハーバーマス教授もまたそういった思想家の一人なのだから、と私は応じた。ところで、ハーバーマスを「フランクフルト学派」第二世代として追求している君（清水）の方が、私、城塚より彼の著作を読んでいるはずだ。そこで、私、城塚が招聘の話を責任を持って切り出すから、後は君が適当に話を合わせてくれとのことであった。

第五節　シュタルンベルクにハーバーマスを尋ねて

ハーバーマス教授の本宅のあるシュタルンベルクは、ミュンヘンから鈍行電車で一時間ほどの所にあった。途中、小さくて綺麗な二、三の湖の側を電車は過ぎて行った。こりゃ、海のない湘南地方のような地帯ですね、きっと観光シーズンになると大変な人出のはずですよ、などと感想を述べあいながらの小旅行であった。シュタルンベルクは小さな町であった。何故、こんな小さな町に高名な「マックス・プランク研究所」があるのか、不思議でならなかった。「研究所」の入口に、背の高い二、三本の木槿《むくげ》が淡紅色の花を付けていた風情《ふぜい》を、今もって鮮やかに覚えている。

ハーバーマス教授は入口まで出迎えてくれていた。かってホルクハイマー教授に会った時には、彼の意外な背の低さに驚いたものであったが、目の前のハーバーマス教授は威風堂々たる大男であった。ただし、彼は自分より背の低い人と話をする時、身を屈めて話をするためか、若干、猫背気味かなと思ったものである。私どもは彼の研究室に通された。一通りの挨拶を、彼は気をつかってか英語で話しかけてくれた。彼はアメリカのカリフォルニア大学での講師の経験（この大学は、かってホルクハイマーやアドルノをも受け容れてくれた）を持っているので、英語は流暢であった。私もまたニューヨークのホウフストラ大学からまっすぐミュンヘンに到着した旨を告げ、英語で応対した。しかし、城塚氏は日本の社会思想史学会からの正式の依頼として訪問した旨をドイツ語で話をされた。多くの人が、直接あなたの話を聞きたがっているので、是非、来日していただきたいという趣旨であった。すると、ハーバーマス教授は私が城塚氏の補佐役であることをすぐにも見抜き、私に向って尋ねた。「私は日本の事情をよく分らないのだが」、と。

そこで、私はかってブロッホやホルクハイマーに語ったのと同趣旨の説明を、ハーバーマス教授にも語った。「日本が〝フランクフルト学派〟の思想を受容しうるアジアで唯一の国であろうこと」、それほどに「日本の社会的状況が成熟し、日本の近代化の一応の成功を語れる状況にあること」等々の説明をした。すると、同教授はそこまでは大体のところ承知しているとのことであった。

さて、これは前もって城塚氏の了解を得ていたことなのであるが、更に自説を展開した。つまり、日本にもあの『啓蒙の弁証法』と類似の思想性である「近代の超克」という思想があった、という話である。これには同教授もいささか驚いたような様子であった。そこで、私は畳みかけるように更に話を続けた。

「とは言え、現在の先生の思考性は、啓蒙や近代の持っている問題性を、昨今のポスト・モダン的思考性で批判するだけでは、事が済まないところまで来ているように思われる。そこから先の話を日本でしてもらえまいか」、と結んだ。

すると、同教授は君の言う通りだ。しかし、今、そのことのため大きな著作を準備しているので、招待に応ずるのは、この著作の出版（一九八〇年とのことであったが、実際は一九八一年になってしまった）の後にしてもらえまいか、とのことであった。この点、われわれとしても異存はなかった。八一年になってから分かったことであるが、あの時の大著とは、『コミュニケイション的行為の理論』Ⅰ、Ⅱ（ズールカンプ社、一九八一年）というものであり、城塚氏と私自身には、同教授のサイン入りの初版本が後ほど送られてきた。

付論I　ハーバーマスとのくだけた会話

あの大著の後、一九八一年秋、我々は東京でハーバーマス教授の来日を待った。果せるかな同教授の講演の主題は、一昨年シュタルンベルクで話しあった際の「ポスト・モダン論」的風潮に対する挑戦的内容であった。私の所属していた立正大学を手始めに、東京大学、北海道大学、京都大学での講演の主題は、「近代―未完成のプロジェクト」（後『思想』三島憲一訳、一九八二年六月号）というものであった。つまり、『近代は終わった』とするフランス系の「ポスト・モダン論」に対して、「近代」は理念的にいまだ完成していないとする立場である。立正大学と東京大学での講演では私が通訳を引き受けた。だが、同教授の発音の悪さには閉口したものである。

これは多くの聴衆を前にした講演会においてではなく、われわれ招聘者たち小集団を前にしての四方山話《よもやまばなし》のついでに、同教授はこんなことも話してくれた。あの『啓蒙の弁証法』の二人には初めから微妙な差があり、その後もその差は埋まらなかったという話であった。同教授が言うには、アドルノは「神話」のようなものにまで頽落してしまっている「啓蒙」を徹底的に批判し尽くそうとしたのはいいが、その結果は、「無限否定」になるのをいとわなかった。とどのつまりは、そのような「無限否定」を社会理論にあてはめることが出来ず、「音楽史」にあてはめ、「協和音」から「不協和音」使用の二〇世紀初頭の音楽を賛美し――皆さん方ご承知の通り、ワーグナー音楽は「協和音」解体の途中にあった音楽ですよね――、その結果は言うならば「美的陶酔」に陥ってしまった。それはちょうどあのニーチェが伝統的キリスト教やいわゆる近代的理性による救済ではなく、芸術（特にディオニュソス的ワーグナーの音楽）に救済を求めたことと符号しているんです。それに対して、ホルクハイマーの場合は、「啓蒙」（つまり近代的理性）それ自体の中に自己克服の力を求めようとしながら、それがうまくゆかず、結局、ショウペンハウワー的な「生きる自己の力」に逃げこんでしまったじゃないですか、と言うのである。以上のようなハーバーマス教授のホルクハイマー批判は、後ほど、『ホルクハイマー著作の展開史のための評注』（一九八六年）にまとめて収録されることになるが……。

このような二人の先輩に対して、私、ハーバーマスが求めようとしているのは、「対話」という「言語行為」を行う場合――これが人間の基本的属性であることは皆さん方もご承知ですね――誰しもが従わなければならない普遍的なものがある。これが無ければ「言語行為」はなり立ちません。これを私は「理性的なもの」と名付けたい。このような立場が、昨今の「ポスト・モダン」的風潮の中で解体されたと思わないし、また解体されるべきだとも思わない。このような観点から、私の近著を検討していただければ幸いです――このような話がわれわれ小集団を前にしての同教授の話の趣旨であった。

招聘小集団を前にしてのやや硬めの話に疲れたものか、後日の東京案内のタクシーの中で、同教授はこんな質問をぶつけてきた。それは一昨年、ニューヨークからミュンヘンへ直行したという私の話を思い出してのことだったのだろう。

「君、ニューヨーク滞在で様々なことを経験したろうけれど、“Jam session”という言葉を知っているか」というのである。

「ええ、ハーレム地区に行った時、そんなカフェーだったかバーだったかがあるとは聞いていましたが、内容はよくわかりませんでした」、と私。

すると、同教授も初め何のことやらまったく分らなかったとのこと。そこで調べてみたら、即興のジャズ演奏会に、突然、外部の者が入りこみ、まるであの食べ物の「ジャム」のようにグジャグジャになって、ジャズ演奏を楽しむことなのだそうである。東京ではどうかとの質問に対しては、「あらかじめ計画された上での参入ということはあるでしょうけれど、突然の参入者を許して、一緒になってグジャグジャの演奏を楽しむなんてことはないと思いますよ。もっとも古い素朴な歌や踊りではあったらしいですが」と応じておいた。ところで何故そんなことを聞くのかと逆に問い質してみると、同教授の答えは、アドルノの音楽好みの偏頗《へんぱ》性への関心からだ、とのこと。アドルノは現代音楽における「不協和音」の使用を称賛はした。しかし、だからといって“Jam session”のようなものを決して認めようとはしなかった。アドルノの「不協和音」称賛を紹介すると、日本の聴衆の人々は、「じゃ、アドルノは“Jam session”やら、ジャズでも「不協和音」使用を行ったあのコルト・レーンには賛成だったのだな」と誤解しはしまいかと心配してのことだ、というのである。

私はその心配はご無用だと答えておいた。アドルノが伝統破壊を言っていながら、徹底的に西欧中心主義者であったことは、日本でもかなり知られている事実だとも述べておいた。彼の「不協和音」礼賛は、あくまでも後期ワーグナーから二〇世紀初頭のシェーンベルク、あるいはヒンデミットに至る流れに沿ったものであり、アメリカのジャズなどは、たとえコルト・レーン的例があったにせよ、まったく毛嫌いしていたことは、日本でも周知の事実になっていたからである。

とにかく、日本においてホルクハイマーやアドルノの所属した「フランクフルト学派」に興味を示す人々は、この学派の初期の仕事がいかにアメリカ社会にも浸透したかということをまるで無視して、アメリカ社会での諸思想やその現実にほとんど関心を示さない人々ばかりだとも苦情を述べておいた。アメリカのあのハーレム地区から起った人権擁護運動やベトナム反戦運動が西欧諸国の学生、青年たちを揺り動かしたにもかかわらずにである。ハーバーマス教授に述べた私のこの感想は、一昨年前、ニューヨークのハーレム地区で得られた私の実感を基にしての話であった。

付論Ⅱ　鎌倉見物でのハーバーマスの感想

その後、ハーバーマス教授は再三にわたって来日し、特に京都大学では客員教授（?）として講座を持ち、日本の学界に大きな影響を残して行った人物なので、もう少し、彼との対話を通して西欧と日本のギャップを思い知らされたエピソードを紹介しておきたい。

東京での各講演会が終わり、京都へ出発するまでの間、しばらく時間があったので、ある日、ハーバーマス教授を鎌倉へお連れすることになった。鎌倉といえばやはり例の鶴岡八幡宮である。あの大銀杏の所で第三代将軍が暗殺されたエピソードを話しながら石段を登った。鶴岡八幡宮を紹介しながら、これまた極めて日本的建築物だなと感心する同教授とともに社殿を見てまわった。しかし、神社側の説明パンフレットだけでは不充分と思ったので、私は中世日本における武士団の抗争について補足説明をすることにした。

当時の中世日本には、東側に勢力を持つ「源氏 Clan」と、西側に勢力を持っていた「平家 Clan」という二大勢力があったこと。両者の戦いで、結局、「源氏クラン」が勝利を収めこと。そこで「源氏クラン」のリーダーである人物が、ここ鎌倉に京都の皇帝の「宮廷《コート》」とは別に、将軍の「宮廷」を開いたこと。この鶴岡八幡宮というのは、そのような「源氏クランの守護神《シュッツ・ゴッド》」であるとともに「軍神《マルス》」でもあるなどということを、厄介な古語を何とか解説しようとして苦心しながら、説明したものである。

すると、同教授は「守護神」だから尊敬されるのは分かるにしても、「軍神《マルス》」が尊敬されるのは、ちょっと不思議ですね。西欧的感覚では「マルス」は戦さ上手かも知れないが、乱暴者で信仰の対象なんかにはなりませんがネ――というのである。この説明には私は絶句してしまった。

私が絶句してしまったのを、ニコニコ見ていて、同教授は、更にじゃあ負けた方の「平家クラン」にも「守護神」があったんでしょうね、と尋ねてきた。

「ええ、ありましたよ。『平家クランの守護神』は厳島《いつくしま》神社といって、西の瀬戸内海の島に今も美しい社殿を見せています。」

と何のわだかまりもなく答えた。すると同教授は不思議そうに更に尋ねてきた。

「源氏クランが勝利を収めたとなると、何故平家クランの守護神を破壊せずにそのままにして置いたのだろうね。」

というのである。ハーバーマス教授が目を丸くして驚いて尋ねてきたのには、次のような理由からであった。

「だって、キリスト教徒が南米を支配した時には、君も知っての通り、原住民の宗教施設を完全に破壊して、その上にキリスト教会を建てたものだよね。異民族相手の戦いばかりでなく、同じ欧州人同士の戦いでもそうだったろう。あの一六世紀から一七世紀にかけての宗教改革期の戦争でも同じことであった。あの時、カトリック側が勝てば相手のプロテスタント側の教会の内部をすっかり変え、逆にプロテスタント側が勝てば、相手のカトリック側の派手やかな祭壇を取り払い、付属彫像(君も知っての通り、その代表的なものがマリア像だよね)などもすべて撤去してしまったものだ。」

「それなのに、日本の場合は、相手の『守護神』の祭壇も変えず、その上、敵対者であった『平家クラン』の奉納したものまで大切に取り扱ったんですか⁉」

彼が驚いているのは、先に厳島神社の話をした時、「平家クラン」の「平家納経」の話をし、それが今では国宝になって大切に保管されていることを話しておいたからである。ハーバーマス教授は、国内戦争における両「クラン」の戦いは、もしかすると「日本的争い事」の原型になっているんじゃないか、とまで感想をもらしてくれたものである。

実は、この時からしばらくたって、同教授にとっては娘婿に当るアクセル・ホネット氏を迎え、都内の各大学での講演の後、やはり鎌倉の鶴岡八幡宮を案内したものである。ホネット氏の感想と意見も、ハーバーマス教授の時とほぼ同じであった。

それはともあれ、ハーバーマス教授との鶴岡八幡宮への参詣の後、近くの寺院で抹茶を飲んだら、「ワー、ニガイ！」ということなので、海岸沿いのドイツ人おばさんの経営するドイツ・レストランで夕食をとって、帰路についたものである。

第六章　「権力」への問い

第一節　福本和夫、再び

一九六〇年代末の西欧学生、青年の「叛乱の季節」以後、西ドイツでも「フランクフルト学派」の全体的考察（それまでも、個別的研究はあった）の気運が高まってくる。それとともに、日本でもこの学派へのアプローチ、研究の数は増えてくる。この過程である「忘れられた思想家」にも焦点が当てられることになる。その思想家とは、この著作の第一章第一節で若干触れておいた福本和夫氏のことである。今、ここで同氏を再び引き合いに出したいと思うのは、同氏の提起した問題がその後の戦後思想史上大きな論争の種になったからである。

重複を恐れず、再度言うなら「フランクフルト学派」と呼ばれることになる集団の源流は、フランクフルト大学付属の「社会研究所」に所属していた人々である。帝政ロシアを倒したケレンスキー政権を再び倒したレーニンが、世界に向かって「ソヴィエト連邦」成立を宣言したのは、一九二二年一二月のことであった。勿論、あの時、同時並行的にドイツでも社会主義革命が発生したが、こちらの方はワイマール当局軍に鎮圧されて失敗に終わってしまった。しかも、ドイツ社会主義運動にかかわりを持ち、あるいは心寄せていた人々は、ソ連のレーニン的思考、行動とはいささか異なるものを持っていた。あの時のローザ・ルクセンブルク（彼女はポーランド人）やG・ルカーチ（彼はハンガリー人）がそうであるように、彼らの革命的思考、その行動様式とも西欧的伝統に対する批判から出発していた。後世、そのような人々は「西欧マルクス主義者」と呼ばれることになる。ただし、マルクス主義とは「レーニン－スターリンに流れる思想」のことであると信じて疑わなかった人々は、「西欧マルクス主義」などというものは、「反ソ」「反共」側の言いがかりに過ぎないと宣伝していた。各国共産党の主張がそれである。

一九二二年一二月の「ソ連邦」成立宣言から数ヶ月後、即ち一九二三年五月、中部ドイツのチューリンゲンのイルメナウという所で、社会主義に心寄せる人々が集まり、「第一回マルクス主義研究週間」という集会をもった。参加した主な顔ぶれは、G・ルカーチ、K・コルシュ、R・ゾルゲ、K・A・ヴィットフォーゲル、それに日本からの留学生福本和夫といった人々であった。しかし、福本和夫氏はその後パリに移り、パリからすぐに日本に帰国してしまうので、彼の名前はまったく忘れられてしまっていた。この研究集会、更には「研究所」を財政的に支援したのは、裕福な穀物商のフェリックス・ヴァイルという人物であった。こうして「研究所」の建物が完成し、開所式の行なわれたのが一九二四年六月のことであったという。ホルクハイマーは、このようにして設立された「フランクフルト大学社会研究所」の二代目所長として活躍することになる。ナチス政権誕生の若干前、一九三〇年のことであった。

時は移り、それから五〇年後、一九七三年に、フランクフルト大学で「社会研究所」設立にまつわる記念講演会が開かれることになった。その講演会で、年老いたフェリックス・ヴァイルが思い出話をしながら、ふと、「あの時、一人の日本人も参加していたのだが、名前を失念してしまった」、と語ったという。今日では「フランクフルト学派」研究の古典的解説書になっているM・ジェイのあの『弁証法的想像力』（原著は一九七三年）にも、その日本人の名前は出て来ない。この講演会には、日本からの留学生八木紀一郎氏（後、京都大学教授）もまじっておられた。そこで、同氏はさっそく日本の学界（私どもの所属していた社会思想史学会）へ、その日本人とは誰のことかと問い合わせてこられた。その問い合わせは、詮索するまでのことはなかった。その人物が福本和夫氏であろうことは、かなりの人が知っていたからである。

福本和夫氏が戦前のコミンテルンの方針に疑いを抱き、獄中にあっても日本共産党主流派の対応に不満をつのらせ、結局、偽装「転向」によって出獄していたことは、既に述べておいた。戦後も独自の左翼運動を展開しながら、矢継ぎ早の著作活動によって、一部の人にはよく知られていた。ただ、どこに住んでおられるかであった。

福本氏は藤沢市のあの有名な時宗総本山・遊行寺脇の丘に、お嬢さまの悦子さんと二人で住んでおられた。私は、「フランクフルト学派」についての諸論文をまとめており、これを一冊の本として出版するに当り、この学派成立にかかわりを持っておられた福本氏に二、三の質問をし、かつ基本的には表敬のつもりで福本氏宅を訪問した。確か一九七六年の夏頃だったと思う。訪問に当たっては、河出書房新社編集部の中間洋一郎氏、更には同じく藤沢市在住のいいだ・もも氏も同行して下さった。なお、私のこの「学派」研究の最初の本『一九三〇年代の光と影』は、中間氏の手をわずらわせて、一九七七年三月、河出書房新社から出版していただくことになる。このようにして出版された拙著は、この「学派」研究の先駆的なものであるという評価を頂くことになった。

更に余談的に付け加えるなら、ある人物、ある時代には、必ず誇りうべき側面と覆っておきたい側面があるものだが、その両側面を「光と影」という端的な表現で言い表わした拙著のこの表題は、その後、流行語のように使われることになる。「何々の光と影」云々といった言い方がそれである。このような言い方は七〇年代以前にはなかったはずである。

思わず話が横にそれてしまった。再び、話を藤沢訪問に戻したい。会っていただいた福本和夫氏の思い出は、なにせ五〇年以上も前のことになるので、トギレトギレであった。あのチューリンゲン、イルメナウの会場は、田舎の一軒家風な建物であったらしい。入口には石竹の淡紅色の花が一面に咲いていていたという。ところが、会合でどんな討論が交されたのかは、ルカーチとコルシュとの会話以外は、ほとんど覚えておられなかった。あの会合へは、福本氏はコルシュに連れて行ってもらったので、コルシュの印象が一番強く、次いでコルシュに紹介してもらってルカーチと話したことが強く思い出されるのは、これまた当然である。

八木紀一郎氏によってもたらされた当時の写真を見ると、コルシュは中央前列で寝そべっており、あの会合で何かとイニシャティヴを取ったであろう自信のほどがよく示されている。勿論、私は福本氏にG・ルカーチとの関係を真先に問い質した。討論の後でのうちとけた会話でのルカーチの印象は強くもっておられた。ところが意外やルカーチは口数も少なく、終始、控え目な態度であったそうである。というのもあの会合では、彼だけがドイツ人ではなかったからである。私は何となく分かるような気がした。あの時、彼は生地ハンガリーでの革命運動に失敗し、ドイツに亡命してきていたからである。

福本氏はこの控え目なルカーチとはかなり親しくなり、彼の主著の一つで出版されたばかりの『歴史と階級意識』（一九二三年刊）の贈呈を受けている。しかもルカーチはあの著作の中の哲学的部分、時に“Entfremdung《エントフレムドゥンク》”“Versachlichung《フェルザッハリヒウンク》”といった用語は、日本人には理解困難と思ったものかどうか、かなり詳しく解説してくれもしたのだそうである。更には、コルシュもまた福本氏に出版したばかりのあの『マルクス主義と哲学』（一九二三年刊）を贈呈している。しかも、このコルシュは、あのブレヒトや「フランクフルト学派」の一員となるベンヤミンなどとも交友関係を持つことになるはずであるから、多分、口も八丁、手も八丁の人物であったのであろう。福本氏はまずこのコルシュに共感を覚え、ルカーチに心酔して行ったということであろうか。二人から寄贈された著作は、福本氏の蔵書カタログでは二重カッコに囲まれ、宝物のように大切されて日本に持ち帰られた。その他の人物については、福本氏の印象、記憶にはほとんど残っていなかった。

八木紀一郎氏によってもたらされた例の写真を見れば分かるように、中央には堂々たる背丈でジャケット姿の男が立っている。リヒアルト・ゾルゲである。彼はやがて日本に渡り、ソ連のスパイとして逮捕され、昭和一九年（一九四四）一一月、死刑を執行されている。ところで福本氏のゾルゲ印象はほとんど無かった。ゾルゲはドイツとロシアの混血ということもあってか、著作もほとんど無く口数も少なかったそうである。したがって福本氏はゾルゲとほとんど口をきいたことが無かったとのこと。ま、それは福本氏にはもっけの幸いであったかも知れない。話題がゾルゲ事件のことに触れるや、福本氏は私に次のように尋ねたものである。

「もし、あの時、私とゾルゲが同一の画面に収まっているような写真を押さえている、清水君のような検事がいたら、ワシはどうなっていたかね？」

「そりゃ、先生、獄中一四年どころの話じゃ済みませんよ。もし、私が当時の検事だったら、これはモッケの幸いと、先生をスパイ・ゾルゲにからめた事件にデッチアゲ、死刑を求刑していたはずです（笑）」

「オー、コワ（笑）」

私と同席していたいいだ・もも氏も、河出書房の中間洋一郎氏も、ともども腹をかかえての大爆笑で終る一幕となった。

その後、私は友人の廣松渉氏と語らい、大学での恩師に当たるあの城塚登氏に発起人代表になってもらい、神田の学士会館で「福本和夫著作活動五〇周年記念」の集会を開くことにした。一九七七年末であった。

福本氏の講演の内容は、私が前もって藤沢に赴きお願いしておいた。それはあのイルメナウでの思い出と、それにルカーチやコルシュとの交流の思い出を話していただきたいということであった。福本氏の講演をこのようなものに限定してもらったことには、訳があった。というのも、当時、マルクスの解釈をめぐって大きな論争が起っていたからである。マルクスの思想をあくまでも「疎外論」に置くべきか、それとも「疎外論」を克服した「物象化論」に置くべきかという論争である。

「疎外論」とその克服を主張する人の背景には、マルク主義をあくまでもヒューマンなものにしようとする意図があった。それに対して、価値中立的な「物象化論」を主張する人の立場は、マルクス主義の論理的正当性を主張しようとする意図が秘められていた。「疎外論」を主張する立場には、平田清明氏とか望月清司氏とかいった人々がおられた。それに対して「物象化論」の代表者は廣松渉氏であった。

しかし、当時の私としてはこれらの論争にあまり気乗りしていなかった。というのは、これらの論争はあくまでもマルクス解釈の問題でしかなかったからである。私の追い求めてきた「フランクフルト学派」とその周辺の人々は、マルクス主義に言及することがあっても、マルクス主義の枠をはるかに越えていたからである。例えば、「疎外」を言う場合でも「鏡の中の私を見る私の不快感」（つまり「自同律の不快感」）を語っており、また演出家であるこの私と観客との「異化」関係（つまり「疎外感」）まで語り出していたからである。また論理的正当性を主張する「物象化論」に対しては、論理的理性の持つ頽落状態（つまり、啓蒙的理性の持つ否定的状態）を指摘して久しかったからである。

とは言え、「疎外論」を否定し、「物象化論」を主張している廣松氏まで福本和夫氏の「五〇周年記念講演」集会に賛成してくれているのであるから、福本氏の講演をイルメナウでのルカーチ、コルシュの思い出に限定してもらった次第である。お陰で集会は大成功であった。学士会館の中規模のホールは、全国から駆け付けて来て下さった研究者で一杯になった。この時、福本和夫氏は確か八三歳になっておられたはずである。あの年になってもなお背筋をちゃんと伸ばして、同氏の毅然とした立ち振舞いに、参会者の多くは驚嘆の声をあげたものであった。

ちなみに付け加えると、この時の会合の様子は、学生層に人気のあった雑誌『流動』が七八年新年号で大々的に取りあげてくれることになった。

第二節　ルーマンvs.ハーバーマス

私が福本和夫氏とお近付きになった一九七〇年代半ば頃は、実は、世界的な戦後思想史上のちょっとした曲り角の時代だったのではあるまいか。というのは、あの世界的な学生・青年の叛乱は既に収ってしまい、彼らに影響を与えた「フランクフルト学派」第一世代とその周辺の人たちも、次々とこの世を去ってしまっていたからである。

例えば、アドルノはかなり早く、六九年には没し、やっと「平和《フリート》」の「館《ホーフ》」（つまり「墓場」）にたどり着いたと私に語ったホルクハイマーは七三年に死去している。また、私がこの世に「鏡」が無ければ人間はどんなにか平穏に暮らせるものをとボヤイタ相手のブロッホは、七七年にこの世を去っている。これまであまり取りあげなかったが、かってはこの学派の一員であったフロムも八〇年に亡くなっている。

勿論、次の時代をリードする思想家群も育ってきてはいる。しかし、当り前のことであるが、彼らの論争は次の時代の焦点となる事態をめぐっての論争であった。次の時代？　極論すれば、この七〇年代以降はものみなをシステム化しようとする時代、システム化してコンピューター処理にゆだねようとする時代が本格的に始まった時代だったのではあるまいか。このような次の時代の論争の代表的なものが、ルーマン対ハーバーマスの論争（一九七一年）であったと思う。日本におけるこの論争の経緯は次の通りである。

ハーバーマス教授が来日（一九八一年）し、「コミュニケーション的行為」を支える「理性」についての話をしてくれた後、ハーバーマス的思考性に対する批判者が来日する。一人は「社会システム論」のN・ルーマン教授であり、もう一人はハーバーマス教授の抜け落とした論点を追求するA・ホネット氏である。まず、ルーマン教授の紹介から。

ハーバーマス教授来日の一年後、つまり一九八二年秋、ルーマン教授が来日する。招聘主体は法哲学・社会哲学国際学会とのこと。彼の講演の度毎に紹介、通訳の労をとられたのが、土方透、土方昭《あきら》の両氏であった。特に土方透氏には懇意にしていただいた。ルーマンの講演の後の質疑応答に際しては、私がハーバーマス的質疑を提示するであろうことを十分承知された上で、私を指名して下さったものである。あの有名な論争『批判理論と社会システム論』（原著は一九七一年でありながら邦訳はずっと後の一九八七年四月、木鐸社）が日本人読者の前に提示される以前であったので、私の質問はまず基本的なところから提示してもらいたいという土方透氏の前々からの依頼があった。

そこで、私はハーバーマス的意味を込めて次のような質問をした。

「社会システム論はどこまでわれわれの生活世界、日常世界を覆うと考えておられるのか」、と。

実は、この質問には既に回答が出ていた。あのハーバーマスとの論争を一冊にまとめた例の著作（一九七一年のもの。ただし、邦訳は彼の訪日の五年後一九八七年になってから）の「序文」に当るルーマンの主張がそれである。ルーマンには「システム」を離れた「生活世界」だの「日常世界」だのといった概念はない。世界のすべては「システム」かその「環境」かであるが、この「環境」世界はある特定の「システム」の外側のものであるが、それ自体がまた別な「システム」である、と。

以上のような次第であるので、私の質問はルーマンにとっては既に回答ずみではあるが、初めての日本での講演であるので、私の質問に丁寧に応じてくれた。お陰でその後の討論がスムーズに進んだように思われる。

一九八二年の短期間の来日の後、八七年にルーマン教授は再度来日する。招聘主体は前と同じであり、神戸大学での専門討論の後、京都で一般向けの講演会がもたれることになった。私もまた京都にまで出向き、京都のドイツ文化会館での講演会に参加させてもらった。講演の後、「しばらくです。覚えて下さっていますか」と声をかけて握手を求めたところ、彼は「覚えている、覚えている」とニコニコ笑い、頷きながら握手をしてくれたものである。ハーバーマス教授もそうであるが、ルーマン教授もまたドイツ人に特有な威厳とはまったく無縁な人柄と見た。

この二度目の来日の京都講演では、私以外にも「フランクフルト学派」的立場からの質問をされた方がおられた。大阪大学の山口節郎《せつお》氏であった。山口氏は、あのハーバーマス＝ルーマン『論争』でのハーバーマスの部分を翻訳、紹介されることになる方である。講演の中休みの時、私は会館のロビーで山口氏と話しこみ、『論争』の行方を語り合ったものである。その結果、二人ともやはりハーバーマス側に加担したいということになった。以後、山口氏が東京に出てこられた時には必ずお会いし、私が関西に出向いた時には山口氏と必ず話し込むという仲になった。しかし、山口氏は私より若干若かったにも拘らず、間もなく亡くなられたのはかえすがえすも残念でならない。

ルーマン教授の思想を大雑把に要約するとこうなる。まず、もともとわれわれの世界は複雑性に満ちている。別言すれば「カオス」に満ちている。この複雑でケイオティックな世界に一定の意味、一定の秩序を与えたのは「システム」だという。そしてまた、一定の意味と秩序を与えられたこの「システム」は、この「システム」外部の「環境世界」から影響を受けるなどということはない。この「環境世界」はまた別の「システム」より成っている。つまり、一つの「システム」は生物（生体）システムと同じように、「自己増殖」を繰り返えして行くものだ。つまり、「社会システム」というものは、自己だけに関わる関心（これを「自己言及《セルフ・リファレンス》」というのだそうである）からのみ、自己を再生産して行く（「自己増殖《オート・ポイエーシス》」を繰り返して行く）のだという。その代表的なものが「法体系」、つまり「法システム」だというのである。

ルーマンの「社会システム論」を、以上、わざとスキだらけの大筋で紹介してみた。それはハーバーマスからの批判を浮き彫りにするためである。ハーバーマスの批判の要点の一つはこうである。ルーマンは「（社会）システム」によって世界の複雑性（つまりカオス性）に一定の意味が与えられるという。しかし、一定の意味が与えられるものは、そもそもその「システム」に馴染むものだけであろう。とすれば、その「システム」に容易に吸引されない、「システム」からハジキ飛ばされているような意味にはどう対処すべきなのか。私、ハーバーマスに言わせれば、そのような意味は「日常的コミュニケーション」によって対処する以外にないのではないか。要するに、ルーマンの主張は既成の「システム」(たとえ「自己増殖」によって成ったものであれ)を保存しようとする技術論にすぎず、社会的には現存「社会システム」万能の保守主義にしかすぎない――これがハーバーマス側の批判の要点であった。

このようなハーバーマス側からの批判を念頭において、二度目の来日での一般聴衆を前にしてのルーマンの講演は自説を易しく解説するとともに、ハーバーマス批判にも説き及んだ。その要点は次のようであった。ハーバーマスは討議的「合意性」、あるいは「コミュニケーション的行為の理性」といったことを主張する。それはそれでよろしかろう。しかし、討議にせよコミュニケーションにせよ、それらは各個人が間主観性に基づき、一定の「システム」に従って行なわれてこそ意味のあるものとなるはずだ。つまり、「システムに従った討議」でないようなものは、討議あるいは対話にさえならないのではないか――これが、ルーマンの反論の要点であった。

さて、以上のようなルーマンからのハーバーマス批判を聞き終え、講演の後の日本人だけの茶話会で私は山口節朗氏と次のようなザックバランな感想を述べあったものである。その内容は、やはりルーマンは保守的傾向が濃く、これに対してハーバーマスは生活世界からの批判性を持ち出す点でやはり革新的傾向が濃厚である。日本の思想界の現状では、やはりハーバーマスを受け容れる傾向が強いとは思うが、ルーマン的思考性が日本の思想界の好悪にかかわらず世界的動向になって行くだろうことは、これまた否定しうべくもないことだ――といったものであった。すると、この講演会に出席していた山口氏所属の大阪大学の学生が何故ですかと尋ねてきた。

そこで山口氏と私は交互に答えたものである。そりゃ君、ルーマン的発想とはちと違うが、あのサイバネティックス理論なんかを考えてみたまえ、あの理論は、機械の作動についても、生命体の維持活動についても、いかに自動制禦的になされるべきかを研究してきているだろう。また、最近の情報理論なんかもそうだ。これはもともと戦争中の暗号解読から始まったのに、戦後は、情報を数字化、記号化し、厖大な量の情報を瞬時に整理し、次の事態まで予測しうる数字を出せるまでになったじゃないか。それが基になって昨今のコンピューター理論になっているんだよ。ルーマンの「社会システム論」とそれらの理論との違いは、その基礎データの「意味」を問うかどうかだよね。ルーマンの「社会システム論」が、機能主義的なものであれ「意味」を問う点では、やはり、ドイツ哲学の系譜に属していると言うべきだろうね——といった返事であった。すると、その学生はまた尋ねてきた。「意味」って何んですか？ と。

山口氏が多少口籠《くちごも》ったので、今度は私が答えてあげた。むずかしく考える必要はない。ルーマンの「意味」というのはあくまでも関係性を基本にした機能主義的なものだから、例えば、次のような事例を考えてもらえばいい。ルーマンの「社会システム」にとっての情報は、あくまでもその「社会システム」を維持、発展させるために「意味」あるデータしか取り扱わない。したがって、「社会システム」の具体例である「法システム」にとって、明日の天気予報のデータなどは「関係ないもの」であり、「無意味」であるので、排除されてしかるべきだ、と考えてもらえばいい、と。その学生は納得したようであるが、実はこのようなルーマンの機能主義的「意味」理解は、ハーバーマスに食いつかれるところではあるが、とも付け足しておいた。

第三節　ホネットの『権力の批判』

次に、ハーバーマス的思考に対する「フランクフルト学派」内部からの批判者にも留意して置いていただきたい。それは、かってフランクフルト大学で私の教師役を務めてくれたあのA・シュミット氏と同様、この学派の第三世代を代表するアクセル・ホネット氏である。彼には多くの問題を孕む初期の主著に、『権力の批判』という著作がある。この著作の出版は一九八五年であるが、邦訳は一九九二年六月になって、京都大学の河上倫逸氏監訳で法政大学出版から出されている。

この主著の出版の後、一九八七年の秋、彼は社会思想史学会の招聘で来日する。その頃、私自身は母校の教壇にも立っていたので、彼の講演はまず東京大学でやってもらった。その後、立正大学を含めた都内の二、三の大学での講演の後、京都に移ってもらった。京都大学で、河上倫逸氏を中心にしての大きな「ホネット・シンポジウム」を開いてもらうことになっていたからである。その詳細な記録は、『歴史と社会』8（リブロポート刊）に掲載された。したがって、一九八七年夏には二度目のルーマンを迎え、秋にはホネットを迎えたことになる。

ところが、同じくドイツから二人の現代思想家を迎えても、ホネットの京都大学でのあの「シンポジウム」の方が、朝日新聞（同年一〇月二一日夕刊）、毎日新聞（同年一二月一一日夕刊）に大々的に取りあげられたのである。この事態によって分かることは、日本の読書界では「社会システム論」よりも、「フランクフルト学派」的な「批判理論」の方がウケがよかったということであろう。ホネットのハーバーマス批判を考えてみる前に、まず、ホネットにまつわるあるエピソードから聞いていただきたい。

実は、この時、ホネットはあのハーバーマス教授のお嬢さんと結婚していたので、ハーバーマスから見ると娘婿ということになっていた。私自身は、後年、このお嬢さんにもお会いしている。それはそうと、ホネットの来日に当たり、東京で彼の世話をすることになっている私の所に、何とハーバーマスの奥様から手紙が届き、しかも高価なワインの贈り物まで添えられていたのである。その手紙には「娘婿のホネットが日本での勤めを果たせるよう、プロフェッサー・シミズ、何卒、よしなのご支援を賜りますよう！」とあった。

私はあの手紙を私の妻に読んで聞かせたら、「どこの国でも親心は同じようなものですね」とのことであった。ところが、この件を二、三の友人に語ったところ、中にはこんな意見を述べる者もいた。「いゃーフランスの家族ならそうはすまない。やはり、ドイツの家族はやや古さを残しており、日本の場合と似ているからじゃないですか」と。勿論、ホネットには内容を伝えず、ハーバーマスの奥様から手紙をもらった旨だけは伝えておいた。ところがである。何としたことか、ホネットは日本から帰国するや、たちまちそのお嬢さんと離婚してしまったのである。これには、私もわが事のように心を痛めた。

後刻、ハーバーマス教授の何度目かの来日の折、ホネットの離婚には私も心を痛めたと語ったところ、同教授は、「男女の心の問題には親も入りこめないのでね。いたしかたのないことですよ」、とのことであった。更に二〇〇四年度、彼が「京都賞」受賞のために何度目かの来日をした折には、そのお嬢さんを伴ってのことであった。受賞式典が終り、京北の宝池プリンス・ホテルでの晩餐会が始まるちょっと前、私はお二人に祝辞を述べながら、しばし話こんだものである。教授のお嬢さんは長身、細身の美女であり、聞けば「フランクフルター・アルゲマイネ」紙の記者をしているとのこと。かなり知に勝った美女であり、こんなところがホネットとの間のギクシャクの原因であったのだろうか。私は彼女に、「お父さんに、もう少しヤサシク語ってくれるよう頼んでくれませんかね」と冗談を言って、三人とも大笑いしながら、晩餐会のそれぞれの席に急いだものである。

さてこういった経歴をもつのがA・ホネットである。したがって彼は理論的にもハーバーマス教授の強い影響の下から出発し、ハーバーマスを越えようと努力する。その成果が先ほどらいあげてきた主著『権力の批判』である。

あのルーマン＝ハーバーマス「論争」の過程で、いつしかハーバーマスの論点は、「社会システム論」でいうシステム的論及がいかに「生活世界」の「コミュニケーション的行為」の合理性を犯してきているか、いかに「生活世界」の合意形成を妨げているかという点に移って行った。ホネットに言わせれば、そのようなハーバーマスの主張は、要するにテクノクラシーの「生活世界」領域への介入を批判する点では意味ありとする。しかし、更にホネットに言わせれば、ハーバーマスの問題点は、「テクノクラシーの概念」を「国家と貨幣を握る権力装置」だと思ってしまったところに難点があるのだという。つまり、逆から言えば、ハーバーマスの「生活世界論」には「権力論」

そのものが欠けている、というのである。したがって、ホネットに言わせれば、次の世代の「フランクフルト学派」の「批判理論」は「権力論」を採り入れた、更に高次のものであらなければならない、ということになる。

ところで、ドイツ系で「権力論」を真正面から取りあげた思想家はあのM・ウェーバーの『経済と社会』以来ほとんど無かった。あの著作でウェーバーは、「権力」を人間の支配形態の三変容（カリスマ的支配、伝統的支配、合法的支配）から論じたものであった。この有名な支配の三変容論は、二〇世紀初頭、各国が合法的支配の形をとろうとしていた頃の論考であるので、それなりに時代の要請に答えるものであったと言える。ところが、彼は近代の合理的支配が、結局は形式合理的な「近代官僚制」によって担われて行くことを承知していた。とすると、支配は人格的なものから離れ、「近代官僚制」という「生きた機械」となってわれわれに指示、命令を下すというところまでは、彼は見抜いていたことになる。ウェーバーの問題提起はここまでであった。

おそらく、第二次世界大戦後でまともに「権力」問題に向きあったのは、フランスのミシェル・フーコーとドイツの「フランクフルト学派」第一世代とであっただろう。まず、フーコーは多彩な歴史的事実の追求の後に、「権力」（つまり「支配」）の問題に迫る。彼は、現代の「権力」が非常に細分化され、しかも特定の個人によって担われているものではないことを指摘する。彼の言葉をそのまま用いれば、現代の「権力の微視的物理学」ということになる。その（物理学的）「力」は政治権力のみならず、経済的権力、更には大学、病院、マス・メディアにいたるまでの社会的権力、それに宗教組織の権力にまで及んでいるのだという。

これに対して、「フランクフルト学派」第一世代は、例のマルクーゼに代表されるように、現代の「権力」は「権威」の姿を借りて人々を支配し、物質的豊かさを対価として、人々の批判の声を封じ、人々を画一的に支配しようとしている。マルクーゼが『一元的人間』という著作の中で批判したのが、このような画一化に甘んずる現代人であった。

以上のようなフーコーとマルクーゼとを比較してみると、フーコーの場合にはペシミズムが先行し、現代社会への抵抗感が薄く、やがて「システム論」に接近して行く傾向が見てとれる。これに対してマルクーゼ的な「フランクフルト学派」第一世代は激しい抵抗から始まって、やがて「美的抵抗」（アドルノ）へ、あるいは「生の謳歌」（ホルクハイマー）へと転じて行くことになる。このような傾向性を見てきたはずのホネットの『権力の批判』は、何故かフーコーの「権力」考察の方を、「システム論」化して行く部分を除いて、好意的に取りあげている。しかも、ホネットはフーコーの「権力」考察をとりあげた上で彼自身の「権力」論を構築しているわけではない。この点では肩透かしである。そうであるにも拘らず、ホネットが三章にもわたってフーコーを論じているのは、ハーバーマスの「生活世界」を中心とした社会理論には「権力」論が欠落しているということを論ずるための前提の話でしかない。ま、この著作はホネット三〇歳代後半の著作であるため、まず、彼の気負いが目立った著作であったと言うべきであろうか。

第四節　フーコーの微視的「権力論」

ホネットは『権力の批判』において「権力」のあり方については、主にフーコーに依存しつつ、ハーバーマスにおける「権力」論不在を批判した。ところが、まったく同時期、ハーバーマスもまたフーコーの「権力」論を批判する著作を出している。『近代の哲学的ディスクルス』（原著一九八五年、邦訳一九九九年、岩波書店）がそれである。とすると、この間ホネットとハーバーマスの関係はどうなっていたのであろうか。実は、ホネットのあの主著の原型は、数年前にベルリン自由大学に提出された博士論文が基になっているのだそうである。と、そうすれば、まずホネットがフーコーに依存して「権力」論を書いたのに対して、ハーバーマスの方はフーコーを批判しつつ、間接的にホネットに答える形をとったのではあるまいか。結論から先に言うなら、フーコーに対してホネットは非常に好意的であったのに対して、ハーバーマスはフーコーに対してむしろ全面的否定に近い対応を示している。何故だろうか。

フーコーはまずあの一九六八年の学生、青年の叛乱の挫折に失望し、保守主義に転じたフランスのヌーヴォー・フィロゾーフの一人になってしまったからだという。フーコーは、確かに微視的観点からする細分化された「権力」の分析を、実証主義的歴史記述によって描いて見せてくれていた。狂人、犯罪者、浮浪人、放蕩者、貧窮民を、古い体罰制度に代わって、現代ではそれぞれを監視付きの施設に放り込んでいる。このようなそれぞれの施設の監視、管理制度の徹底化が、現代の最高の特徴だという。

しかしそうは言うものの、フーコーはこのように排除された者の「呼び声」を再び取り戻そうなどという意図は、そもそも持ち合せてはいなかった。むしろ、そのようなヒューマニズム的対応を空疎なことと考えていた。彼にとってあれら社会から排除された人々に対する対応は、あれらの人々を分類する「知の構造」の変革以外には無いように思われる。考えてみれば、これにも一理があるように思われる。というのも、誰を狂人として、誰を異常者とするかは、その時代の「知の構造」に由来する側面がないわけではないからである。とは言え、フーコーはそのことを示唆するだけで、「知の構造」については、その「考古学」的考察（つまり、知の系譜学）を行って見せる（『知の考古学』一九七三年）だけで、現実の問題に答えようとはしていない、と。

以上、フーコーに対するハーバーマスのこのような否定的対応が、ホネットの『権力』論に対するハーバーマスの一つの答えということになっている、と言っていい。

ところで、「フランクフルト学派」研究にだけ固執している日本の研究者たちにとって、ホネットとハーバーマスのフランス哲学者への言及には、いささか閉口したのではあるまいか。実のところ、私も戸惑った一人である。というのも、各国の思想には各国独自の伝統があり、例え外国の思想家の例を引く場合でも、それはあくまでも自国の伝統的思考を反省するなり、補強するための引用でしかなかったからである。ましてや、哲学・思想の伝統を高らかに謳い上げてきたドイツの場合は、なお更のことであった。ところが、「権力」をめぐるホネットとハーバーマスとの論及では、何とフランス哲学者フーコーの諸著作がメイン・テーマにさえなって来ているのである。残念ながら日本の「フランクフルト学派」の研究者で現代フランス哲学への言及までしておられる方は無かったように思う。

　私の個人的交友関係者たちの中には、フランス哲学専攻者たちも数人おられた。私の所属していた立正大学では、構造主義のレヴィ＝ストロースに詳しい田島節夫氏、それに現代フランス哲学全般を見通せる今村仁司氏といった方々がそうである。

　特に今村仁司氏には、何かの会合の席上、「フランクフルト学派」のホネットがフーコーを高く評価しているのに戸惑っていると話をもちかけたことがある。すると、今村氏は、「そりゃ、フランクフルト学派のアドルノの思考性に近いのは、フランスではフーコーだったからですよ」とのこと。そこで私は慌てて『権力の批判』を再度読み直してみた。今村氏の指摘された通りであった。アドルノの歴史哲学的テーマ設定（つまり、近代的個体が抽出されてくる過程の分析）と、フーコーの歴史的諸研究との類似性の追求は既に一九七二年頃から行なわれていたことが、あの『権力の批判』の原著の注の中で指摘されていたのである。その指摘は、M・プーダーの「ミシェル・フーコーの悪魔的洞察」という論文においてであり、この論文は一九七二年の「新ルントシャウ」誌に載ったもの（邦訳四一一頁）だそうである。その上、あの注はフーコーのその後の座談会での発言まで収録していた。おそらく今村氏はこの座談会でのフーコーの発言を読んで、私にアドルノ、フーコーの類似性を伝えられたのであろう。こう指摘されて、始めて、現代思想を語るに当って、アドルノ、フーコー的視角とハーバーマス的視角の違いが、浮き彫りにされてくるはずであった。

第五節　フランス哲学への問い

それにしても、一九六〇年代から八〇年代にかけて、フランス哲学界は、「実存主義」から「構造主義」へ、「構造主義」から「脱構造主義」あるいは「ポスト・モダン」へとめまぐるしく変転したものである。しかし、かっての「実存主義」と違って、これらの諸思想はどれだけそれらの諸思想を担う人々の生き方を内的に支えたものだろうか。ただ目の前で進展する社会現象を外的に観察しただけの理論だったのではあるまいか。しかも、これら現代フランス思想の日本における紹介者、研究者のあらかたは自己規制が強く、自己の依った思想による他領域への発言やら、社会的諸問題についての責任ある発言やらは、ほとんど見受けられなかった。

例えば、日本におけるレヴィ＝ストロースの有力な研究者田島節夫氏と、ある日、親しく話しこんだことがある。レヴィ＝ストロースには南米の民族誌への研究（『悲しき熱帯』一九五五年）があり、神話における言語構造の追求もあったはずである。とするなら、私としては、田島氏にこの論理をもって何故日本神話へのアプローチをお考えにならないのかという不満をぶつけてみたくなって、当然であった。すると、同氏は、

「無茶言うなよ。日本古代言語論となると、あの江戸期の本居宣長以来、連綿とした伝統があるだろう。そんな伝統に素人の私が入って行けるわけがないじゃないか」

という大変な謙遜ぶりの返事であった。とすると、日本の古代言語学者たちが、レヴィ＝スト

ロース的研究法とはどんなものかと、田島氏らに問い直《ただ》さなかったことの方に問題があったのだろか。そのどちらであったにせよ、日本の場合、それぞれの専門家が極めて自己限定的であったのはまぎれもない事実のようである。この話は、立正大学で同僚となってもらうべく、池上近くの田島氏宅を訪問した際、クッキーとコーヒーをいただきながらの無駄話のついでの話である。

次いで、ポール・リクールの研究者久米博氏にも同様の質問をぶつけてみたことがある。ポール・リクールの思想はと言えば、彼の先輩格のレヴィ＝ストロースの言語構造といってみたとて、その構造性をもった言語の取り扱いには、まず言語の解釈が問われるはずだし、またその解釈が言語現象にどのように跳ね返ってくるのかも問われるはずだ――とする立場のはずである。とすれば、やはりこのリクールの立場だって日本の神話学者たちへの問題提起になるはずだが、その辺の事情はどうなっているのですかと問い直したことがある。しかし、久米氏もまた誠実に自己限定をしておられる方であった。久米氏は、私がこの原稿を書いている時点でなおもご健在であり、今もってお付き合いをいただいている。

このように、日本における現代フランス思想の紹介者、研究者はきわめて自己の能力に誠実であったが、これらの人々によって紹介された現代フランスの思想家たちのすべてが、自己限定的であり、自己の能力に誠実であったわけではない。なかには哲学、思想の領域の問題であることを越えて、現実社会への適応をふてぶてしく主張する思想もなかったわけではない。そのような傾向の代表的人物がG・ドゥルーズであったろう。今、彼の主著の一つ『リゾーム』を取りあげてみよう。この原著は一九七六年であり、邦訳『リゾーム』は豊崎光一訳で、朝日出版社から出されている。まず、『リゾーム』の説明から。
"rhizome"とは「地下茎」のことである。この「地下茎」は「地上の茎と地下の根」といった従来の基本的な植物観を覆すものである。普通の樹木型の「地上茎」は枝を出し、葉を茂らせる。その枝や葉は茎の長さや太さにもよるが、無限大に伸びるわけではなく、その成長、繁茂にはおのずと限界がある。これに対して「地下茎《リゾーム》」は、いたる所から根を張り出し、無限大に広がって行き（とは言っても、やはり「茎」の大きさにも依るが）、何にでもからみつき、そこからまた根を伸ばして行く。これが「地下茎《リゾーム》」の特徴である。具体的には、あの「蓮《はす》」という植物を考えてもらえばいい。大きく伸びた「地下茎」は「蓮根《れんこん》」と呼ばれ、われわれの食卓にものぼってきているあの「蓮」である。

さて、ドゥルーズは「地下茎」をこう分析しておいて、これに「地下茎」型思考を配置する。従来の「樹木」型思考が「根」の一点に限定されたものであるのに対して、「地下茎」型思考はどこまでも伸びる線的思考であり、しかも歴史的に見るなら、従来の「根」という点からはみ出し、逃げ出す（「逃亡する」）線的思考性でもあったというのである。例えば、近代の源流である中世において、その土地所有に基づく封建的支配体制から「逃亡し」、「都市というもう一つの拠点に線的に「逃亡してきた者」（つまりブルジョア）が近代を培ってきたではないか。とするなら、近代を培ってきた基本の線を乗り越えるべき次の線を重視すべき時に、今、さしかかっている、というのである。

ドゥルーズの言う近代を培ってきた一本目の線というのは、誕生—教育—企業への就職—企業戦士―退職―死という連続した線である。これに対して二本目の線は断絶によって継承され、一本目の線を支える線である。つまり、子供―食欲、青年―性欲、中年―権力欲といった線である。近代を支えてきたこのような二本の線に対して、三本目の線はきわめて抽象的にしか語られていない。

近代を越える三本目の線とは、「現時点にあっては、今、何事も変わらない。しかし、時としてすべてが変わってしまったような感覚にとらわれる時」に浮び上ってくる線がそうだという。例えば、今、私は都市の中にいて都市生活を満喫している。つまり、私は、都市の日常的風景を満喫しているのだが、それでいて「ふと違った感覚」、結局私は田舎の生活からの逃亡者なのだという別種の感覚にとらわれることもあるだろうし、また、もっと別な風景に接したいという感覚にかられることもあるだろう。これが第三の線といわれるものである。この第三の線をもっと具体的に言うなら、こうも言える。現代フランスの生活、しかもパリの生活の中で、ドゥルーズのみならず、現代のフランス人すべてが憧れる近代主義の最先端のパリ生活の中で、最も憧れる別の生活とは、あの砂漠の民、ノマド（遊牧民）の生活ではないか、と。考えてみれば、このような憧れのノマド生活も、近代からの「逃亡」に他ならない、というのである。

ドゥルーズは精神科医のガタリとともに、数年後、『千のプラトー（高原？）』（原著一九八〇年、邦訳宇野邦一他訳、一九九四年）を書き、その「序文」で再び「リゾーム」の説明をし、「リゾーム」型の思考性を高く評価することになる。彼、ドゥルーズに言わせると、従来の形而上学は「樹木」型の思考性であり、垂直的系譜学（上下の関係をもった系譜学）であった。しかるに、今や、そういった「上下の関係」を持った伝統的思考性に、代って、「地下茎《リゾーム》」型の思考性が尊重されるべきだ。この型の思考性は、始まりもなく終わりもない多様性、それぞれの基準や尺度を持つ多様性、それぞれがどちらを向いて走ってもいいような活動形態をもつもの、そのような多様性をもつものとして尊重されるべきだ、というのである。しかし、話がここまでクダケテくると、現代の状況についての理論的認識などというものではなく、現代の状況を風俗的に茶化してみせてくれたものになってしまっているのではないだろうか。

考えてもみよう。一九七〇年代以降は現行体制に対するあの世界的な批判の熱気は冷めて行き、八〇年代に入る頃には「ポスト・モダン論」や「社会システム論」それに「情報化社会論」が時期的トレンドになり、初期的な「人工知能論」までが叫ばれ始めた頃であった。このような時期に当って、ドゥルーズ的茶化しの発想の登場もわからないわけではなかった。私自身は、この頃、ハーバーマスに依りながら、なおも「フランクフルト学派」の持つ現行体制に対する批判に加担していた。したがって、ドゥルーズ的発想の意図するものも分らないわけではなかったが、しかし同調しかねていた。すると、あるとき、『中央公論』本誌から、当時、京都大学（助手？）の浅田彰氏と大阪大学の徳永恂氏、それに私との鼎談が持ちかけられてきた。

浅田彰氏は、既に『現代思想』誌上（一九八二年一二月号）において、今村仁司氏と「対談――ドゥルーズ＝ガタリを読む」という座談会をしておられた。その座談会によると、浅田氏はドゥルーズに依りながらも、「フランクフルト学派」にも一定の理解をもっておられた。ただし、同氏によると「フランクフルト学派」の否定性は、「暗いんですよね、根が（笑）。ニーチェ流の言い方をすれば〈重力の魔〉にとりつかれ、怨恨にむしばまれている」、のだそうである。「フランクフルト学派」の「パラノイア性（偏執生）」に対して、「リゾーム型」を推称するドゥルーズらは「スキゾフレニー的（分裂症的）」であり、浅田氏に言わせると、ポップ音楽的であり、漫画用語で言えばギャグ的であり、新しい時代の「新しい美学」なのだそうである。要するに、スキゾ的なものは新しい事態のキッズ（ガキ）の美学だということになる。したがって、この座談会直後の浅田氏の著作のタイトルは『逃走論』（筑摩書房、一九八四年）ということになる。

あの鼎談の席上、私はまずあの『啓蒙の弁証法』におけるホルクハイマーとアドルノの立場の微妙なズレといった細いことに拘泥した質問をまず徳永氏にぶつけたものである。その上で、以後、ホルクハイマーもアドルノも二人ともども現実的社会制度に対する具体的批判性を薄めて行ってしまったことをどう評価すべきかという話に発展して行くはずであった。すると浅田氏が、「逃げろや、逃げろ」でいいじゃないですかと、ドゥルーズ的発想をぶつけてきた。これには徳永氏も私も絶句してしまったものである。

確かに、あの当時の浅田氏の「逃げろや、逃げろ」論は、「逃げている」くせに、なおもそのことに忸怩たる思いにかられている世代に対しては痛切な批判となり、学生、青年の叛乱世代が次の時代を生き延びるに当っての感性というか、生き様にさえなったように思われる。しかし、それよりも更に若い世代になると、「スキゾ・キッズ（分裂症的ガキ）」でさえ推称されるべきものではなくなってきたはずである。ギターを抱えて、無邪気に歌いあっている二一世紀の若者たちに、「逃亡」だの「逃げろ」だのといった意識などあろうはずがないではないか。

総じて言うなら、フランス思想の日本への影響はもっぱら文芸部門、なかんずく文芸批評の分野に限られていたのではあるまいか。西欧の伝統的思考に対する批判ならドイツ、一九世紀後半のあのニーチェ、哲学プロパーの問題である伝統的形而上学批判なら、同じくドイツ、二〇世紀中期のあのハイデッガーの影響力に比肩しうるような思想家はフランスでは出なかったように思われる。もっともソシュールに端を発し、レヴィ＝ストロースらの構造主義的言語学に流れこむ「言語」の追求は、ドイツ思想家たちの追随を許さないほどのものであったとは思うが。

ところで、ルーマン、ハーバーマス、ホネットといった人々を迎えて大童になっていて二、三年も過ぎる頃、われわれは世界史的大事件に遭遇し、この事件を契機に更に次の事態への模索を強いられることになる。言うまでもなく、その大事件とは一九八九年に始まるソ連・東欧社会主義国の大崩壊である。

第七章　社会主義体制の崩壊

第一節　ソ連での不快な思い出

　もともとわれわれの世代は、ソ連・東欧の社会主義圏などにつては、戦後すぐのあの第一次東欧動乱（一九五六年）を鎮圧したソ連体制への批判以来、既に基本的に見限っていた。とは言うものの、ソ連のあの抑圧体制はスターリン体制に原因があったのであり、もともとの「社会主義」の理念にはもっと別な可能性があったはずだとする思いは、なおも強く残っていた。しかし、一九八九年に始まる雪崩に打たれたような社会主義社会の自壊は、社会主義社会そのものに対する疑念を生むことになった。忘れないでいただきたい。この時より半世紀前のファシズム体制は外国軍の軍事力という外圧によっての崩壊であったのだが、今回の社会主義体制は内的崩れという自滅的崩壊であったのだ。

　こと私に関して言えば、社会主義体制に対する疑念は私の最初の渡欧である一九六六年の旅行の途中で、頭をもたげてもいた。既に述べておいたように、あの第一回の渡欧の目的は西ドイツのチュービンゲンでブロッホ教授に会うためであった（第三章第四節参照）。ところで、あの第一回の渡欧の際は二回目以降のように航空機による旅ではなかった。最初であるため「何でも見てやろう」という気持が先走っていた。そこで、まず横浜から船でシベリアのナホトカへ渡り、そこからシベリア鉄道で一昼夜揺られてハバロフスクへ行き、そこから飛行機でモスクワに飛び、モスクワで観光かつ宿泊をした後、モスクワからまた大陸横断鉄道でワルシャワに立ち寄り、そこから当時入国のかなり困難であった東ベルリンに入ったのである。途中の見聞は私のソ連・東欧観の形成に大きく寄与することになる。

　まず、私たちはナホトカの港に着いた。外国人に向けて開かれている港であるだけに、ナホトカ港は小さかったが小綺麗であった。ところが何としたことか、船を下り立って鉄道駅舎に向おうとするわれわれ観光客の一人一人を、ワーと子供たちが取り囲んだのである。見れば皆んなハダシであった。口々に「何かくれ！」といっているらしく、手を差し出していた。同行した他の観光客たちも驚き、アキレていた。見ると、この港の警備員らしき役人たちも、それらの子供たちを制止するわけでもなかった。すると、誰言うともなしに、「何か小さいものをあげたら」ということになった。その声に応じて、私はポケットに持っていた日本のボール・ペンを子供たちにあげ、先を急いだ。すると、後ろの数人の子供たちはその日本のボール・ペンの奪い合いをしていた。列車に乗り込んだわれわれ数人の日本人たちは、「何ということだ、こんな光景は日本のどこにだって見られるような光景じゃない！」「これが社会主義の現実か？」と呟《つぶや》きあったものである。確かに、この光景は私にとってもショックであり、この記憶は後々まで残ることになる。

ナホトカから一昼夜をかけてハバロフスク市に着いた。一晩中の闇の中での走行であった。日本でなら夜といえども、人家の光がいたる所でチカチカと見えるものだが、ここシベリアではまったく見えず、一面の闇であった。ハバロフスクは中都市ということになっているはずだが、日中、街での人通りをほとんど見かけなかった。街の外側を流れているアムール川（黒竜江）は、何んと泥水の大河であった。その泥水の大河の中を多数のロシア青少年が泳ぎ遊んでいるのを見て、何故こんな泥水の中をという思いで眺めたものである。この大河の向う岸は中国とのこと。中国と聞いて何故か親戚の家の庭先という感じがしたのは不思議でならなかった。

モスクワはさすがに大都市であり、かつ旅行者向けの施設も整っているはずの街であった。私たち数人の日本人観光客は、市内のウクライナ・ホテル（今もあるものかどうか？）に宿を定め、私自身は二泊の宿をとることにした。勿論、市内観光のためである。このホテルは極めて高層であり、外から見た目では申し分のない立派なホテルであった。ところがホテルに入っての初日、室内の洗面所のお湯が出ないのである。ホテル・マンに文句を言ったら、申し訳ないが故障なので、お湯なら風呂場のお湯を使ってくれとのこと。観光シーズンなので直ぐにも修理に来てくれるのかと思いきや、何と二日目もまた洗面所のお湯は出なかった。それはまあ我慢できたにせよ、このホテルでの昼食の時、またしてもわれわれ観光客を怒らせる事態が起きた。

確かに、われわれ観光客の前にわれわれの注文した料理が並べられた。そこまではいいのだが、何とそれらの料理を並べたウエイターやウエイトレスが食堂サロンから一斉に姿を消してしまったのである。ま、コーヒーや水ぐらいはレジ近くの棚にポットが置いてあるから、出向いて行っておかわりを持ってくることは可能であった。しかし、中には料理の追加注文をしたがっていた客もいた。ところが食堂サロンに人がいないのである。われわれはブーブー文句を言いながら、サロン受け付けに一人いた主任らしき人物に、一体どうしたのかと詰問した。すると、その主任らしい人物が言うには、「今、従業員の組合大会」なのだとのこと。これには、日本人観光客のみならず、他国の観光客も呆れ返った表情だった。おそらく、その組合大会には、当地区の共産党委員も出席し、「観光客へのサーヴィス向上のためには、いかにすればよいか」なんてことを討論してんだろう、「バーカ！」なんて言う者まで出る始末であった。

勿論、私は例の「赤の広場」を見物してきた。さすがに、あそこは綺麗に整備されていて、旅行案内書に書かれてある通り（？）であり、こと更何の感激も湧かなかった。その他にモスクワには見物したい所が多くあったのだが、何せ二泊ということなので、早々に東ベルリン行きの列車に乗り込まざるをえなかった。

大陸横断列車の四人乗りの寝台車室に予約を取っておいた。ところが四人室に三人の予約客しか乗らなかった。一人は日本人の私、もう一人はイギリス人の青年、三人目はポーランド人の若者であった。三人はそれぞれ別のホテルであったが、三人ともホテルのサーヴィスには不満たらたらであった。イギリスの青年は饒舌であり、よく私に話かけてきた。三人目のポーランド人は控え目であり、私たち二人の話に耳を傾けているだけであった。私はそのイギリスの青年に、東ドイツから西ドイツ入りするのはある思想家（E・ブロッホ教授）との会見のためだと語ったところ、その青年は直ちにドイツ語で応じてくれた。そのイギリス青年の語学力に感心して、イギリスのどこの大学を出たのかと聞いてみたら、オックスフォード大学とのこと。そこで私は、すかさず「さすがだな、それじゃ貴方はイギリスのエリートなんだ」とお世辞を言ったところ、その青年は何と小癪《こしゃく》にも「いや違う、世界のエリートだ」（笑）とのこと。私はあいた口が閉《ふさ》がらない思いであったが、その青年は半分冗談のつもりで、笑いながらの話ではあったが。

周知の通り、モスクワから西へ向う列車はブレスト＝リトフスク駅でソ連側の乗組員がポーランド人と入れ替る。第一次世界大戦の末期、ロシア革命の翌年、つまり一九一八年にソ連政府とドイツ政府が単独講和を結んだのが、この土地であった。このブレスト＝リトフスク駅でソ連側の手荷物検査があり、次のポーランド側でも検査がある。手荷物、財布まで開けて提示させられる検査である。私は歴史上あまりにも有名な土地柄なのであたりをキョロキョロ見渡していて、うっかりソ連ルーヴルの小額紙幣（今なら、一〇〇〇円か二〇〇〇円のものか）をポーランド通貨に換金するのを忘れてしまっていた。そのため検査のために乗り込んできたソ連側の係官に没収されてしまった。それはいたしかたないとしても、「幾ら幾らの金額を没収した」という書類を交付すべきなのに、それがまったく無しの処置であった。それを見ていたイギリスの青年が言うには、「気の毒に！　お金はアイツのポケット・マネーになってしまった」、と。

列車から窓の外を見たら、国境警備兵が数人、機銃を肩にかけ、銃口を下に向けて立っていた。ソ連側のブレスト＝リトフスク駅からポーランド側の駅へは二、三百メートルはあろうか。列車はゆっくり動いて、ポーランド領に入った。

すると、今まで控え目であり、無口だと思っていたポーランドの若者がすっくと立ちあがり、私とイギリス人青年に向ってこう叫んだ。

「ようこそ、自由の国ポーランドへ‼　わがポーランドは皆さん方にあのような無法な振舞は決してしない国です」、と。

私もイギリス人青年も、この挨拶にはビックリしてしまった。私が小額紙幣を取りあげられるのを、黙って見過ごしていたはずなのに。その上、当時のポーランドはやはりワルシャワ条約機構の一員として、ソ連圏に組み入れられていたはずなのだが、それにしても、ポーランド人はよほどソ連というか、ロシア嫌いなのだなということを、痛感させられた一幕であった。

あの時のソ連旅行において各地で味わわされた不快な事態の数々は、私にとって、スターリン体制に対する不信から、社会主義社会そのものに対する不信へ移行する契機となるはずのものであったが、まだまだ決定的なものではなかった。私の第一回渡欧の一九六六年段階では、ベトナム内戦へのアメリカの軍事介入に見られるように、アメリカ的原理、原則の押しつけが世界的反発を招いており、この押しつけに対する一定の抑止力として社会主義社会への期待はまだかすかに残っていたからである。

第二節　東ベルリンでの恐怖の思い出

ソ連各地での不快体験で私の社会主義に対する不信は多少増幅させられた程度であったが、東ドイツの体験ではその不信がますます拡大されて行くことになった。またしばらく、私の一九六六年の旅行体験の続きをお聞きいただきたい。

私はポーランドのワルシャワでまた二泊し、市内観光を楽しんだ。ポーランド人は親日的と聞いていたがまさにその通りであり、何の不快感も感ずることなくホテル滞在を楽しみ、市内観光に興ずることが出来た。ただし、ここではドイツ語を使うことも注意深く避けた。市内のド真中にソ連からの援助で建てられたという超高層ビルがあったのには驚いた。何の建物であったか確かめることが出来なかったが、周りの教会はあの玉葱式の屋根をもつロシア教会ではなく、何やらゴシック式尖塔を持つ西欧風なので、ポーランド人のロシア嫌いを感覚的に理解できたような気がした。

東ベルリンに入ったのは、あのフンボルト大学（旧ベルリン大学）の東アジア研究のJ・ベルント教授に会うためであったが、ご不在であったので彼の助手某氏にいろいろお世話になった。

ところで、フンボルト大学の正面入口を入ると、すぐ小さな広間がある。その広間には来客と対面するような飾り壇があり、その飾り壇の上の銅像を見て驚いた。何んと、ドイツ共産党の創設者リープクネヒトの胸像ではないか。旧ベルリン大学と言えば、創設期にはあのフィヒテが総長を務め、それから二〇年後、ヘーゲルが教授を務め、ヘーゲル亡き後はシェリングも招聘されて教授職についていているはずである。言うならば、壮大なドイツ観念論哲学の牙城とも、メッカとも呼ばれた大学であり、それ以後のマルクス主義も実存主義もすべてこの思想体系から生れてきたものであることは、哲学史の常識でさえある。それなのに、マルクスが彼らに向って（特にヘーゲルに向って）言った「偉大なる俗物」などという悪口をそのまま信じて、彼らを遠ざけているのだろうか？

正直のところ、この銅像を見て「ナント、バカゲタ！」という声が思わず飛び出すところであった。

同大学の日本を含む東アジア研究の某助手氏には心よく迎えてもらった。研究室に案内されて日本語で話しこんだことには、古典文献は一応揃ってはいるが、最近の新しい研究動向がなかなか入手しづらいとのことであった。その後、同氏に大学内を案内してもらったが、正面から入って二列に並んでいる建物は、案外手狭なのに驚いたものであった。裏手の方は時間がないので見せてもらえなかったが、この大学が日本の明治期の東京大学のモデルとなったとすると、あの関東大震災以前の東京大学はこんなスタイルであったのかと、ふと想像をめぐらしてもみた次第である。

東ベルリンといえば、旧ベルリンの主要部分のあらかたが含まれていたので、西ベルリン以上に見応えのある場所が多かった。美術館、博物館、オペラ劇場など、二泊の日程では見きれなかったが、これらはおおかた大学の通り（ウンター・デン・リンデン通り）に並んでいて便利であった。しかし、それよりも私は大学のやや北西にあるベルリーナー・アンサンブルでブレヒト劇を見たいと思って出向いたのだが、時刻的にタイムリーでなく、受付嬢の微笑だけで満足して引き返さざるをえなかった。

これは、記憶が薄れてしまっているのだが、東ベルリンの公園だったか、西ベルリンの公園だったかの一角に、ソ連軍戦車が二両なおも道路に向かって砲門を開いたまま据えられているのを見て、非常な不快感にとらわれたものである。後で西ベルリンに移ってから確認してもらったのだが、あれは西ベルリンにあってなおソ連管理地区の公園とのこと。戦争が終って二〇年も経つというのに、ベルリンに一番乗りをしたソ連軍戦車をこれ見よがしになおも飾っているとは！　観光客の私が不快感をもったのだから、ドイツ人が見たらどんな思いにかられるだろうかと思うと、東ベルリン当局者あるいはソ連政府の無神経ぶりにはアキレルばかりであった。

明日はいよいよ西ベルリンに移動するという前日の遅い午後、私はあのベルリーナー・アンサンブルから更に西南に道をとった。すると、当然にもあの「ベリルンの壁」に突き当る。日本のＴＶであの「壁」を見ている限り、通路はあの壮大なブランデンブルク門の所、一ヵ所と思われがちである。しかし、実際はもともと広い東西の通路のあった所には小さな検問所が置かれており、その検問所からは両側が見通せるようになっていた。私は東側からそのような検問所の前に到達したのである。

その検問所の前にたたずみながら周りを見渡した。すると東側の西に面したビルの窓という窓は、すべてコンクリートと石によって塞がれており、人の住んでいる気配がなかった。しかも検問所に真っ直ぐに通ずる東側の道路には、何とほぼ数十メートルにわたって「逆コの字型」の障害物がビッシリと設置されている。しかも、検問所は二階建てになっていて、両方の検問所の二階からは機銃が下に向けられていたのである。あのソ連―ポーランド国境の警備兵すら銃口を人に向けていなかったのに、ここでは、即時、狙い撃ちの形である。

私は検問所前からこの状況をジィート観察してみた。東側からあれらの「逆コの字型」の障害物を飛び越えてこの検問所にたどり着くのには一〇秒以上はかかるだろう。その間、監視兵に見つからずにここまで越えてきても、二丁の機銃の銃弾をかわすことはほとんど不可能だろう。東ベルリン側では、この「壁」を「平和のための壁」と呼んでいるらしいが、自国民に銃口を向けておきながら、何という欺瞞かと憤らざるをえなかった。そろそろ、監視兵たちが変なアジア人が佇んでいると気づき始めたようなので、ソソクサとその場を離れなければならなかった。

翌日朝、私はSバーン（ドイツ国鉄）に乗って西ベルリンに入った。途中、東・西ベルリンの検問はビザを持っていたので難なく通過し、西ベルリンの中央駅に当るツォー駅についた。西ベルリンから更にフランクフルト市へ行き、既に述べたおいたように、フランクフルト市のズールカンプ社でE・ブロッホ教授宛の紹介状と連絡を確認した上で、チュービンゲン入りをするつもりであった。

当時のツォー駅は高架になっていた。ツォー駅のプラットフォームに立って東を望んだ。しかし、朝靄《あさもや》がかかっていて遠くまでは見通せなかった。だが手近は薄っすらと見えた。広いクーダム通りの右側に爆撃で崩れかかったままのカイザー・ヴィルヘルム教会の残骸がそのままの姿で残されていた。私はその崩れた教会の尖塔の部分をしばし見つめていた。すると、プラットフォームの左手から一人の駅員（いや警備員？）らしい男が近づいてきた。その男は私の側までくると、無言のまま私と並んであの教会の残骸を見つめた。私は誰に言うともなしに呟いた。

「あの残骸に似た建物が日本にもある」、と。

すると、その男はやはりあの残骸をみつめたまま言ったものである。

「知っているとも、広島の原爆ドームだろう」、と。

そこで私は、改めてその男と向きあい、しっかりと握手をして別れたものである。このように西ベルリン人とは心が通いあえた。いや、少なくとも「通いあえる」と思った。

第三節　東欧・ソ連社会主義体制の自滅

この一九六六年の渡欧を皮切りに、その後、私は何度か渡欧した。ホルクハイマーに会うため、あるいはハーバーマス招聘のためといった度毎の渡欧がそうであった。その他、日本のドイツ留学希望学生たちを引きつれてのドイツ各大学訪問などといった渡欧まである。

その間、ソ連・東欧の社会主義圏変革への趨勢については、日本の読書界ではあまり過大な期待を寄せなくなってしまっていたのではあるまいか。

確かに、あの一九五六年、フルシチョフのスターリン批判は衝撃的であった。しかし、これはその直後に起った第一次東欧動乱の武力鎮圧によって裏切られてしまった。その一〇数年後に起こるチェコの改革をめぐる第二次東欧動乱もまたソ連の軍事力によって押えこまれてしまう。そのようなソ連体質に対するソ連文学者たちの反抗の声はわれわれに届いてきてはいた。しかし、この声もまたその度毎に裏切られてしまってきている。エレンブルクの『雪どけ』、パステルナークの『ドクトル・ジバゴ』、あるいはソルジェニーツィンの『イワン・デニーソヴィチの一日』といった作品群がそうである。しかし、これらの文学者や作品群もソ連当局によって弾圧、排除されてしまった。これらは、一九五〇年代後半から一九七〇年代後半にかけての諸事件であった。一九八〇年代に入ってもソ連の弾圧、抑圧体制は続いた。原子物理学者サハロフが国家秘密警察（ＫＧＢ）に逮捕されたのは、一九八〇年一月に入ってのことであった。これらの事件を新聞報道あるいは研究者の論文など見る限り、ソ連社会でならさもやありなんと思っただけで、ソ連社会のどこからも救済の手が差し延べられたなどという話は、聞いたこともなかった。

確かに、一九八五年三月、ゴルバチョフがソ連共産党書記長のポストに就いて打ち出した二つの政策は、われわれの世代にとっても驚きではあった。即ち、一つは「ペレストロイカ」（改革開放政策）、もう一つは「グラスノスチ」（情報公開）がそれである。しかし、これらのことは「市民社会」を生きるわれわれにとっては当り前のモラルであった。今、ここで「市民社会《シヴィル・ソサイヤティー》」という言葉を使った。この言葉は、従来のマルクス－レーニン主義者が使っていて、単純に否定の対象としてしか見ていなかった「ブルジョア社会」に代わる言葉であり、あのハーバーマスによって使われ始めた言葉である。

ゴルバチョフは党書記長に就任し、「ペレストロイカ」と「グラスノスチ」政策を掲げた後、一九八五年一〇月四日には東ドイツを訪問し、東ドイツ当局者にいわゆる「民主化」を勧告している。しかし、東ドイツのホーネッカー書記長らはまったく聞く耳を持たなかった。とはいえ、東欧社会主義体制の優等生であった東ドイツにも、実は危機が迫っていた。ゴルバチョフのベルリン訪問直後の一〇月一六日、同じ東ドイツの大都市ライプチヒで五万人以上にものぼる反政府デモが勃発したのである。ホーネッカー書記長はただちに副官に対し、デモ隊を武力鎮圧せよという命令を下した。しかし、この命令は副官クレンツによって拒否された。

つまり、この実態をもって東ドイツ、ホーネッカー体制の崩壊は時間の問題となったと言っていい。この日から更に二〇日後、一九八九年一一月四日、首都東ベルリンでも市民デモが起り、その数は一〇〇万に達したとも言われている。最早、このような奔流はドイツ共産党、シュタージ（国家保安省の秘密警察）も押し止めることが出来なくなっていた。この頃、東ドイツ国民の西ドイツへの亡命（出国）は、隣国を通して激増する。その亡命は闇にまぎれての逃走などというものではなく、白昼堂々、隊列を組んでの亡命であった。

そして遂に一九八九年一一月九日夜半、大勢の東ベルリン市民があの「ベルリンの壁」に殺到、西ベルリンの市民とともに歓喜の歌声をあげて、あの「壁」にツルハシを撃ち込んで行く。この情景はＴＶによって全世界に放映された。私もまたカタズを呑んでＴＶの中の事態を見守った。かって私を親切にもてなしてくれたフンボルト大学東アジア研究の某助手。あるいは少なくとも不親切ではなかったホテルのマネージャー。そしてまたベルリーナー・アンサンブルのにこやかな受付嬢。その後、検問所に立ち寄った際に、うさん臭そうに私を観察していた警備兵。二階で私の方にも機銃を向けようとしたあの射撃手。彼らがその後どうなったかを案じながらのＴＶ注視であった。勿論、あの時の警備兵や射撃手は制服や機銃を投げ捨てての逃亡であったのだろうけれども。

周知の通り、翌年の一九九〇年三月の東ドイツ人民議会で始めて共産党支配から脱した自由選挙が行なわれ、西ドイツへの統合派が圧勝し、一九九〇年一〇月三日、東西ドイツが統合される。

他方、このように東ドイツ崩壊の契機となる提案（「グラスノスチ」の一つとしての「民主化」）を行った、ソ連のゴルバチョフ書記長のその後の運命はどうなったのであろうか。一九八九年三月、ロシア人民代議員選出の自由選挙で、ここでも共産党の大敗北。しかも、この人民代議員は大統領制への移行を宣言。ゴルバチョフが初代大統領に選出される。越えて一九九一年六月、直接選挙でエリツィンが「ロシア共和国」の大統領に当選することになる。

しかし、それを不満とした旧ロシア共産党がクーデタを起し、政権奪還を試みるも民衆に憎まれ、見放されていたため、見事、市民、民衆に阻止されてこのクーデタは大敗北。これらの事態が東ドイツのホーネッカー指揮のドイツ共産党の抵抗と敗北と、ほぼ同時期であったことに注目しておくべきかと思う。これらがほぼ同時並行的であったので、この時代的大変革を「ソ連・東欧社会主義体制の自滅」の時と呼んできている。

さて、ここまでがソ連・東欧社会主義圏崩壊のあらましであるが、これら政治史的変動の追求の仕方で、なおも問われるべき問題が多々あるように思われる。それを二つほどに大別して考えるなら、次のようになるのではあるまいか。

⑴　一つの問題提起―自滅の原因を何故レーニンに求めないのか

あの変動を各国共産党の一党支配的抑圧体質に対する民衆の反発という点にだけしぼると、せいぜいスターリン体制にその原因を求めることだけで終わってしまう。だが社会主義的諸政策に対する批判、特に農業問題の失敗に対する批判と見るとすると、そもそもレーニン的革命そのものに問題があったとする点にまで辿りつくはずである。

そのことは東ドイツの場合とて同じことであった。東ドイツの場合、その社会主義諸政策がうまく作動せず、国家財政にまで問題が波及した時には、西ドイツからの「信用供与」（一九八三年から八四年度にかけて）を受けて、一時的に事態を切り抜けている。

経済的失策についてはソ連もまた深刻であった。ソ連の場合、「信用供与」を受けるとすると、西側の国際金融機関しかない。実際、ソ連体制末期あるいはロシア共和国初期は、度重ねて経済危機に見舞われている。この経済危機に当面して、この国は「信用供与」をそれらの機関に求めていたが、ことごとく拒否されてしまっている。

その理由はまさにレーニン時代にある。レーニンは帝政ロシアが諸外国から得た「借款」あるいは「信用供与」のすべてを反故《ほご》にしてしまっている。相手国が激怒し、干渉戦争に乗り出したのは言うまでもない。しかし、やがて干渉が長びけば、その経費が「借款」に見合わないと知り撤兵しているはずである。それを知り、外国軍の干渉だけを非難してますます居丈高になったレーニンは、旧政府の「信用供与」「借款」のすべてをフイにしてしまったものである。日本の場合、あの明治新政府が旧徳川幕府の得ていた国際的信用供与を数一〇年にわたって返済した努力と比べてみるがよろしかろう。

あのゴルバチョフが旧レーニン時代の「信用供与」「借款」をもすべて返済するからと、改めて頼みこんでも、国際信用機関がソ連を信用しなかったのは、当然と言えば当然であった。何故、ソ連史の研究者たちがレーニンのあのような態度を非難しないのか不思議でならない。思うにこれは、古いマルクス‐レーニン主義に今もってとらわれているからなのであろう。

(2)　二つ目の問題提起—情報公開の波紋

あの「グラスノスチ」（情報公開）で何が明らかになったのか。例えば、「社会主義リアリズム」

の提唱者といわれてきたゴーリキー（実は、そんなことはない）がその息子とともに、一九三六年六月暗殺されたのは、ヒトラーの手先によってであるなどという虚報を、各国の共産党系の知識人はまともに信じてきた。しかし、この「グラスノスチ」によって、あの暗殺はスターリンの指示によるものであることが明らかにされた。とすると日本の場合も、ゴーリキーを「社会主義リアリズム」の提唱者だなどと信じ込み、国際右翼によって暗殺されたなどということをふれまわっていた日本共産党系文学者たちはどう対処するつもりなのか。

また例えば、第二次世界大戦中、ポーランド軍将兵数万人の虐殺死体が「カチンの森」で発見された。この下手人がドイツ軍であるのか、ソ連赤軍であるのかが、長い間、国際的論争の的になって来た。しかし、ゴルバチョフはこの「カチンの森」の下手人がソ連赤軍であったことを正式に認め、ポーランド側に謝罪した。とすると、戦後かなり長い間、イデオロギー的見方で、この事件がナチス・ドイツ軍の仕業であると主張してきた日本の旧左翼の責任はどうなるのであろうか。また日本に関して言うなら、戦後日本共産党をリードしてきた野坂参三の戦前ロシアにおける犯罪行為が公表されるや、同党もついに庇《かば》い切れなくなり、かなり高齢になっていた同人を除名処分にせざるをえなかった。

そしてまた、レーニンの革命期におけるすさまじいまでのテロ煽動の犯罪性については、革命期だからということですべてが許されてきた。戦争という非常事態における犯罪性については、世界的に徹底的に追求されてきているのに、同じく非常事態というか異常事態の革命期においては、すべてが許されるというのであろうか。明治維新期における倒幕軍が、その逸脱行為、犯罪性について、彼ら自身の手で裁こうとし（勿論、不充分ではあったが）、多くの悲劇を生んだことはあまりにも有名な話であるはずである。

以上のような思いが、ソ連、東欧圏の壊滅のニュースを受けての私の感慨であった。「フランクフルト学派」の「批判理論」を追求してきた私としては、社会主義が近代からの悪しき逸脱などと単純に処理してしまうわけにはゆかなかった。理念としての社会主義が何をわれわれに、なおも問いかけているのかということを問うこと無しに、事態を冷ややかにやり過ごすわけにはゆかなかったのである。

第八章　ベルギーのルーヴァン大学から再びベルリンへ

第一節　リオタールあるいはドゥルーズ批判

ソ連、東欧圏社会主義の崩壊を複雑な気持で眺めていたわれわれの世代の前で、当時のフランス哲学は華麗な言葉を乱発し、まるで集団乱舞でもしているかのような感じであった。つまり、「ポスト構造主義」「ディコンストラクション」（脱構築）「ポスト・モダン」といったフランス系の議論は、まるで流行語のように日本の思想界で語られてくるようになったということである。

今村仁司氏らに促されたこともあって、われわれドイツ系研究グループでもフランス系の「ポスト・モダン」論者たちの主張に耳を傾けざるをえなくなってきた。八〇年代当時、私は都内の数大学で現代思想のゼミナールを持っており、これらのゼミの学生たちの発言、質問にこの種のものが多くなってきていたからである。結論から先に言おう。フランス系思想家たちの発言には、心情的に理解できる部分が多くあっても、そのことと彼らの現実社会への取り組みとはまた別の問題だということである。そのことを考えるのに、まず「ポスト・モダン」の代表者Ｊ・Ｆ・リオタール、あるいはほぼ同世代の既出G・ドゥルーズを取りあげて論ずるのが、穏当であろう。

リオタールは『ポスト・モダンの条件』（原著一九七九年、邦訳 林康夫、風の薔薇、一九八六年）において、「大きな物語」への不信を語ったものであった。彼のもともとの意図は、近代を支えてきた体系知、つまり、ヘーゲル的観念の体系知、マルクス的社会発展の論理、フロイト的な「心の三階層秩序論」などを「大きな物語」とし、最早、これらの物語は終わったと言うつもりであった。ところが、この著作の邦訳が出版された八〇年代半ば頃には、例の社会主義社会がガタツキ始め、更に二、三年後には全面的に崩壊してしまう。したがって、日本の読者の多くは、「大きな物語」の終焉とは社会主義圏の消滅のことと受けとり、その予言的発言に引かれて、リオタールを受け入れたのではあるまいか。更にリオタールはこれら「大きな物語」が終わったことによって、多元的世界が出現したこと、多元的世界の出現によって、それぞれ「差異」を持った個体を尊重する感覚が研《と》ぎすまされることになった、という。

このように考えるリオタールは、ハーバーマス的対話による「合意」など関係ない、いや必要ないとまで言う。確かにリオタールの主張は文学的創作活動、美的創造の分野ではそうかも知れない。しかし、文学、美術における創作活動といえども、その活動は享受者に何がしかの「共感」を求めてのことではないのだろうか。その上、リオタールはこのような「差異性」を求める活動は、時代区分としての「ポスト・モダン」――つまり「近代」の後の時代という意味――であることを越えて、いつの時代にもありうる、また、ありえた思考のスタイルであるという。この主張についても納得できる側面がある。ある時代の「同一化」を求める支配的思考性に対して、抗《あらが》いながらその「同一化」に対して独自の「差異性」を求める思考性はいつの時代にも存在したし、また支配的「同一化」に対する「差異性」の反抗は、時として、時代を動かしてきたことも事実だからである。

ここまでのリオタールの議論は十分肯定的に理解できる。だがそれと同時に彼の議論に対して、次のような二点の疑念もまた浮かび上がってこざるをえない。

一つの点は、彼の現実認識についてである。彼の言う「差異性」の尊重は、彼の時代の被抑圧者にとっては「差別視」と受けとられたのではないか、ということである。現にリオタールのあの『ポスト・モダンの条件』が書かれた頃（一九七九年）は、アルジェリアがフランスから一応独立（一九六二年七月）したとは言え、まだまだアルジェリアの内戦、内紛は続き、フランス人自身にとっての「差異性」は、フランス在住のアルジェリア人にとっては「差別視」（別言すれば「軽蔑視」）と受け取られていたのではないだろうか。特に、「差別」「被差別」問題が世界的に言われている現在、リオタールの「差異性」尊重論には慎重な配慮が必要だろう。

二つ目の点は、彼の「差異性」の向け方である。支配的「同一化」傾向に対する「差異性」による抗議というリオタールの趣旨は、すぐにも従来の一般的に支配的な「テキスト」の読み方から、内在的に異なる（つまり差異性をもった）読み方へと、重点が移されてしまう。つまり、「差異性」とは「テキスト」の別様な読み方だということになる。そうなると、彼の持っていた従来の現実的諸制度に対する内的批判性は失われて行ってしまうのではなかろうか。この点を突いて、ハーバーマスがリオタールを「新保守主義」に堕してしまったと批判したのも尤《もっと》もと思われる。リオタールに対するこのような対応は、ドゥルーズについても言えることである。

ドゥルーズが精神分析医のガタリとともに『アンチ・オイディプス』を出版したこと、その後、『千のプラトー（高原、それとも盛り皿？）』（原著一九八〇年）を書いたことも、既に述べておいた。この著作の中で、「地下茎《リゾーム》」的文化が、それぞれ独自性をもった多彩な花を咲かせることが述べられているだけなら、私としても異存はない。しかし、そのような発想が後期資本制下における「文化的ロジック」の話、つまり、今日のような商品の多様さ、大量性を誉《ほ》め称《たた》えるだけの論理となると、話は別である。それでは、今日の大量消費社会を謳歌するだけの保守的態度に陥ってしまう。つまり、それではやはりハーバーマスがリオタールに下した批判と同じように、ドゥルーズもまた「新保守主義」に陥ってしまっていることになる。

以上のような感想と批判が、一九八〇年代後半の都内諸大学における私と学生（大学院生を含む）たちとの対論のあらましであった。しかし、「ポスト・モダン」論における多様性の尊重という発想を、今日の消費社会における商品の種類の多様性のことじゃなく、各国文化の多様性、あるいは一国においても各地域のもつ独自性についてであるならば、「ポスト・モダン」論で言われた「差異性」は、今日でもなお有効ではないかという学生たちの主張は、私にとっても重い反論であった。

したがって、私が長らく持ち続けてきた「〈啓蒙の弁証法〉と〈近代の超克〉との比較考察」というテーマは、このような「ポスト・モダン」的風潮の中で論じられなければならないと痛感した次第である。そしてまた、そのような問いの立て方を発展できる機会が、ラッキーにもすぐに訪れることになる。

私自身は、日本国内の様々な学会に所属しながら、この当時、国際哲学会議という団体にも所属していた。日本での多くの討論を踏まえて、私はこの会議事務局に研究発表を申し出ていた。一九九〇年夏、第何回目だったかのこの哲学会議での私の発表を許可する旨の通知が届いたのである。

第二節　ルーヴァン大学での意見発表

一九九〇年夏の国際哲学会議の開催場所は、ベルギーのルーヴァン大学であった。今回は成田からブリュッセルに飛んだ。ルーヴァン市は首都ブリュッセルから東南二〇キロほどにある大学街である。

駅を降り、腹ごしらえのためすぐ駅前のレストランに入った。すると出てきた料理の皿の中央部分は何となくフランス料理風なのだが、皿の左脇に大きなポテト・サラダが盛りつけられているのを見て、ルーヴァン市は東のドイツにも地理的に近いので、なるほど料理までチャンポンなのだなと妙に感心をしたものである。その後、この大学に着いてみて驚いた。何んと正門には「ルーヴァン大学」ではなく、「マリア・テレジア大学」とあるではないか。そう言われてみれば、ベルギーが一八三一年の独立まで、オーストリア帝国の一部であったことをすっかり忘れていた。それにしても、一八世紀後半のあの女帝の名を今もって掲げているとは！　この地は地理的と言うより文化的にゲルマン系に近かったわけである。私は、この大学の教員宿舎に一〇日ほどお世話になり、会議の研究集会日（四～五日）以外はまたしても近隣をホッツキ歩きをしたものである。

実のところ、私はこのルーヴァン大学での発表をドイツ語のつもりで原稿を用意して行った。ところが、開会劈頭の一般総会での英語のスピーチには多くの参会者が耳を傾けていた。ところが次にフランス語、ドイツ語での挨拶となるや、たちまち参会者が激減してしまったのには驚いた。そこで、慌てて主催者側の事務局長のイスラエル人のところに駆け込み、どうしたらよいものかと相談した。ベルギーの公式用語はフランス語なので、事務局長はフランス語がいいと言うだろうと思っていた。ところが、意外や、英語が一番いいという返事であった。その理由は研究発表が終った後、大学内を案内してもらって納得することになる。それはともあれ、私は一〇年ほど前のニューヨーク、ホウフストラ大学での講義録も持ちこんでいたので、二日ほどかけて一時間ほどの内容に取りまとめ、それを発表することにした。

その発表の内容はおおむね次のようなものであった。「近代」が批判され、乗り越えられなければならないとする発想は、「フランクフルト学派」のあの『啓蒙の弁証法』で主張されてきた通り、今日では有名になっている。しかも、この著作は資本主義体制下における「文化産業」の欺瞞性を批判するという内容まで含み、優れて今日的テーマ性を持っている。この著作が書かれたのとほぼ同じ頃、日本でも類似の発想である「近代の超克（克服）」の議論が行なわれていた。ただし、こちらの方はマルクス主義を含めた西欧的近代知に対する漠然とした反発や嫌悪が先立つ内容であり、時代に対する批判どころか、時代に押し流されてしまったのは、かすえがえすも残念でならない。

しかし、戦後、あの討論に対する反省の声があがり、批判されるべき面、継承されるべき面の検討が行なわれてきていて、テーマとしてはなおも今日的なものである云々――といった内容であった。

私の発表の後、アメリカ人研究者から質問があった。彼の質問は――「フランクフルト学派」の立場はナチズムとナチズムが引き起した戦争に反対する立場であったが、日本の場合はむしろ戦争に迎合していったではないか――という内容であった。かなり現代日本思想に詳しい研究者だなと感じながら、私は、アメリカでの講義の時と同じく、次のように答弁したものである。日本の近代批判の場合、貴方の指摘した通り、太平洋戦争に迎合してしまったのは確かである。そのことへの反省が戦後すぐに起ってきたことも述べておいた通りである。しかし、近代日本がドイツと同様、近代の構造が問われなければならないほど高度に発展してきているのも事実である。とするなら、マルクス主義を含めた西欧近代知に対して、どう対処すべきか迷っている、これが日本の知的世界の現状であることを理解していただきたい――これが私の答弁であった。

するとさかさず、そのアメリカ人研究者は更に食いさがって来たものである。過去の「近代の超克」も、そしてまた現在の日本知識人の「近代」への問いや、戸惑いも、「ポスト構造主義」や「ポスト・モダン論」的発想での解釈は考えられないのか、と。この種の問いが出されるであろうことは、十分に予測できたし、また、この種の問いが日本の諸大学でのゼミナールのテーマであったことも、既に述べてきた。そこで私の用意して来た答弁は次のようなものであった。「ポスト構造主義」や「ポスト・モダン論」の提起した問題が今日の状況把握に有効であることは十分に認める。しかし、あのような論だけでは、われわれを取り巻く資本体制社会やら強固な国家制度によって引き起される諸問題に、どう対処すべきかという観点は出てこないと思う。ただし、あれらの論が主張した日常文化のあり方——相互の「差異性」の尊重、「地下茎《リゾーム》」的多彩な文化の花、「遊牧民《ノマド》」的生活への憧れ等々——は、ふとわれわれの胸中をよぎることがあるのも事実である。だからと言って、そのことによって今日の現実的諸問題への分析や対応にはならないはずだ——これが用意してきた私の答弁であった。

何せ、一時間の発表に三〇分から四〇分の質疑応答というのであるから、発表者にとっても、質問者にとっても不満の残る時間配分であったことは否めなかった。ところで、私の発表と討論を聞いていただいた参会者の中に、中央大学の伊藤成彦氏（二〇一七年末に亡くなられた）とお名前を失念してしまったがもう一人の日本人研究者がおられた。集会後、伊藤成彦氏から、おおむね妥当な発表趣旨であるという評価をいただいたものである。ところで、伊藤氏が二〇世紀初頭のあのドイツ革命史の日本における優れた研究者であるのは、周知のことかと思う。

話を少し前に戻す。先ほどフランス語を公用語としているはずのここベルギー、ルーヴァン大学で、主催者が何故フランス語での発表をすすめなかったか、不思議でならないと述べておいた。大会修了後、同大学の大学院生に学内を案内してもらって、ようやくその理由がわかった。というのも、この大学の学生自治会の書いたと思われるステッカーやビラが学内のあちこちに貼ってあったからである。何んとそこにはフランマン語で「われわれは遂にフランス語での講義の追放に成功した‼」とあるではないか。よく注意してみると、脇に小さく英・独・仏語での説明が付けられていたので、事態を了解した次第である。とにかくそのステッカーには唖然とさせられた。これもまた多彩な文化の花を咲かせようとする「ポスト・モダン論」的風潮の現われか（そんなことはあるまいと思いつつも）、それとも「地域的文化ナショナリズム」の現われなのだろうか。それでいて、ある教室を覗いてみたら、一九九〇年段階で、パソコンがズラート並んでいたのであるから、何をか言わんやの心境ではあったが。

そこで、案内の大学院生に尋ねてみた。「一体、フラマン語を話す人口はどのくらいいるの？」と。答えは数百万人とのことであった。これは、後でここの図書館に駈け込んで調べてみたのだが、フラマン語はベルギーの北半分で使われるオランダ語の方言とのこと。使用人口は五百五十万人とあった。それにしても五百万人以上の使用人口があるのなら、大学の一つや二つあってもおかしくないはずである。

それにしても、現代西欧哲学を専攻する者にとって、このルーヴァン大学はE・フッサール文庫が保存されていることによっても有名である。ユダヤ系の哲学者であった彼は、ナチス政権によって大学の職を追われ、しかも彼の弟子ハイデッガーがナチス政権に加担したため、彼の死後、彼の遺した厖大な原稿はひそかにベルギー人によってドイツから持ち出され、この大学に保管されることになったのである。彼、フッサールの死後（一九三八年）、彼の遺骨もこの大学に運び込まれることになった。案内の大学院生に、フッサールの遺骨はどうなったと聞いたところ、そこまでは知らないとのことであった。

親切に案内してくれたこの大学院生に出身地を尋ねたところ、ルーヴァンより東寄りの地だという。ならばドイツに近いはず。われわれの会話は英語であったのだが、私は、時々、間違ったふりをしてドイツ語を入れてみた。すると、彼は正確に反応してくれた。ということは、この青年はドイツ語を知っていて、わざと知らんふりをしていたことになる。なんとなくこの土地のドイツに対する感情の一端をのぞいたような気がしたものである。

このルーヴァン市をやや東南寄りに移動すると、リエージュ市と有名なアルデンヌの大森林地帯に至る。このリエージュ市から更に二、三〇キロメートル東には、ドイツの古都の一つアーヘン市がある。第一次、第二次世界大戦の初期、ドイツ軍に踏みにじられ、苦汁をなめさせられた土地がこの一帯である。案内のあの大学院生がドイツ語を知っていて、わざと知らんふりをしたのも改めて分かるような気がする。

私としては、せっかくルーヴァン市まで来たのだから、もっと遠くのリエージュかアーヘンかまでを見てやろうと思い、東行きの急行列車に乗り込んだ。すると、その列車は若い女学生の集団で一杯だった。ブリュッセル観光帰りのドイツ人女学生の集団らしかった。それにしても何の屈託もないドイツ語での話しぶりであったことか。リエージュ市に着いた時には、残念ながら夕方になってしまっており、この市の侵略ドイツ軍に対決する恨みの要塞を見物することは出来なかった。あの列車はあと二〇分もするとドイツのアーヘン市に到着するはずである。

第三節　再び「壁」崩壊後のベルリンへ

ルーヴァン大学での国際哲学会議の後、しばらくベルギー観光を楽しみ、一九九〇年初秋、私はブリュッセル空港からベルリンのテーゲル空港へ飛んだ。是非とも一年前の一九八九年一一月のあの「ベルリンの壁」崩壊後のベルリンの変化を肌身で感じとりたいと思ったからである。宿はこの前と違ってやや高級なツォー駅近辺の「四季ホテル」にした。一年前のあの「ベルリンの壁」を東西のドイツ人たちが歓声をあげながらツルハシを振り下している姿は、日本のＴＶで見ていても感動的であった。ところが、一年たった九〇年初秋のベルリンの街はまったく静かだった。これは後になって知ったことだが、東ドイツが地図の上からも消えるのは、私がベルリンを訪問した一ヶ月後の九〇年一〇月上旬とのこと。その日はベルリンの各所で大規模な統一式典が開かれることになっていたのだそうである。しかし、「壁」崩壊の熱気も今はおさまり、今はまったく静かなベルリンだという――こんな話を、空港からツォー駅までと頼んだタクシーの運転手が語ってくれたものである。

翌日、私はまたタクシーを頼んで「六月一七日通り」（奇妙な名前だが、これは一九五三年六月一七日、東ドイツ社会主義の圧制に反対する労働者のデモ隊がソ連軍戦車隊に鎮圧され、多くの犠牲者を出したことを悼んで付けられた名前）を通って、例のブランデブルク門を通過し、旧東ベルリンのアレクサンダー広場まで行ってもらった。ここはかって一九六六年夏、最初の渡欧の時、モスクワ、ワルシャワを経て東ベルリンに入り、宿をとった所。勿論、ワルシャワでビザを取っておいたので、難なく東ベルリン入り出来たのではあったが。しかし、当時の東ベルリンのホテルは大ホテルとは言いながら質素なものであり、ホテルでコーヒーを飲むことさえままならなかったが……。今は、西側の有名な喫茶店まで出店しており華やかなものであった。

一九六六年の時は、「ベルリンの壁」を東側からジックリと観察したものであった。あの「壁」に検問所があったことも述べておいた。その検問所に通ずる東側の道路には幾重にもバリケードが設けられていたこと。そのバリケードを突破しても検問所の両脇の二階からは二挺の機銃が下に向けられていたこと。そしてまた、東側からジロジロ検問所を覗いているこのアジア人に、二挺の機銃が動き出しそうになり、慌てて現場を立ち去ったことも述べておいた。「壁」の一部は記念として残されていた。だが、多くの人間が脱出に失敗し、あの機銃で命を落とした検問所も、現代史の悲劇の証として残されるべきではないのか――と、ふとそんな感慨にふけったものであった。

ホテルに戻って新聞を読みあさってみたら、問題は東西の所得格差をいかに解消するか、それに東ドイツ住民全体を厳しく監視していた秘密警察《シュタージ》の秘密文書をいかに押収し、公開するかということらしかった。この秘密警察の文書公開を求めてライプチッヒ市ではまたもやデモの動きがあるとのことであった。しかし、ベルリン全体は、一〇月三日の東西ドイツ統一式典を前にして、残された「壁」を見学する観光客の姿をちらほら見かける程度で、まったく静かである。ここでもまた、あのリオタールが言ったように、「大きな物語」が終わったかのような静寂さであったと言っていい。しかし、歓喜に満ちた盛大な統一式典を前にしての、このしばしの休息の中で、私は新聞を読みながらまたしても考えざるをえなかった。というのも、この国を挙げての喜びによって、何が浮上し、何が沈んで行かざるをえないのかという問題である。これは外国人であるだけに、冷静に観察できるテーマでもあった。

端的に言って、このような国を挙げての喜びは、東西ドイツにナショナリズムを再浮上させるのではないかという危惧である。勿論、ナショナリズムそのものは善でもなければ悪でもない。しかし、このナショナリズムがドイツ人の過去への反省を吹き消してしまうとしたら問題である。このような危惧は、軽やかに「ポスト・モダン」を言うフランス人にもアメリカ人にもない問題であり、言うならばドイツに特有な、更に強いて言うなら日本にも妥当するはずの問いであり、危惧であった。

そのような危惧の思いを代弁していたのが、ハーバーマスの『遅ればせの革命』であった。なかんずく、この著作の中の「ドイツ・マルク・ナショナリズム」は、「ベルリンの壁」崩壊三ヵ月後の九〇年三月、「ツァイト」紙に発表されたものであった。九〇年初秋、ベルリンに入るに当たって、私はハーバーマスのこの論文の主旨は知っていた。というのも、この時から数年前のあの『歴史家論争』（一九八七年刊）をチラット瞥見していて、「壁」の崩壊に当たって、彼が何を言うだろうかと期待していたからである。ちなみに付け加えるなら、この『歴史家論争』は、後、徳永恂氏、三島憲一氏らが音頭取りになり、私も参加させてもらって邦訳名『過ぎ去ろうとしない過去』（原著は一九八七年、邦訳は一九九五年六月刊）として、京都の人文書院から出版されることになる。「忌《いま》わしい過去」だからこそ忘れてはなるまいという意識は、あの当時、ドイツでも日本でも知識人の場合はかなり強かったはずである。だから、人文書院で出してもらったこの訳書も、二ヵ月後には再版にこぎつけるほどの好評をいただいた。堅目の論争の訳書としては、これは驚くべきことであった。しかし、当時の両国の一般人の場合はどうであったのだろうか。私として、原著が東西ドイツ統合直前のもの、訳書が統合直後のものということもあって、やはり統合直後の一般ドイツ人の思いが気がかりであった。

これには良い資料があった。アレンスバッハ世論調査研究所の調査結果である。この調査結果は、数日遅れで日本にも届けられている週刊誌『シュピーゲル』や一般紙『フランクフルター』などで確認できた。この調査結果によると、ドイツ人の過去への思いは次の通りであったという。ドイツにとって「忌まわしい過去（勿論あのナチス体験のこと）について、そろそろ終止符を打つべきか」という問いに対して、全ドイツで六〇％が賛成、明確な反対が三〇％、どちらとも言えないが一〇％であったそうである。二一世紀の今日、再び同じ様な問いを出したら、賛成の比率はもっと高まっているのではあるまいか。同じ調査を、今日、日本でもやったなら、私にとっては不本意なことながら、「過去とはどんな過去のこと」という反問の方がより大きくなっていることだろう、と思う。だからこそ、ドイツ再統一の日、ハーバーマスの問いが待ち望まれてもいたのである。

というわけで、再び一九九〇年初秋に戻る。あの時のハーバーマスの「ドイツ・マルク・ナショナリズム」は薄々予感はしていた。あれは、一ヵ月後の大々的な「喜びの統一式典」に対するある種の警鐘の意味を持っていたのであろう。だが、どれだけの一般ドイツ人が彼の意見に耳を傾けただろうか。不幸なことながら、アレンスバッハ研究所の調査がその結果を教えてくれている。

しかし、そうは言うものの、ハーバーマス的問いは、再度念を押すが、ドイツと日本に特有の問題であり、「ポスト・モダン論」に沸き返るフランス思想界には当てはまらない問題である。とは言え、フランスにだって、あの大戦中対独協力内閣のヴィシー政権やら、戦後のアルジェリア戦争という「忌まわしい過去」があるはずである。これらフランスの記憶になおもこだわり続けているのは、おそらくＰ・リクール（その代表作『記憶・歴史・忘却』原著二〇〇〇年、邦訳久米博、新曜社、二〇〇四年）であろうか。ただし、リクールのこれらの業績を私が知ったのは、もっと後になってのことである。

こんな思いを抱きながらのベルリン滞在であったが、残念ながら早々に当地を離れなければならなかった。というのも九月中旬になると、日本の諸大学の第二学期が始まるからである。

帰りは、ベルリンからモスクワに飛び、そこから乗り換えて成田へのコースをとった。一九九〇年九月のソヴィエトは解体直前の混乱期ではあったが、国際路線はなんとか動いていた。当日の私の手帳には次のようにある。

「気温一四度、肌寒い。空港は閑散としていて、空港のエスカレータも動かず、港内のコーヒー・ショップも汚くて暗い。」

第四節　かけがえのない友人廣松渉氏、藤原保信氏の死

混乱のモスクワから日本へ帰りついてみたが、われわれを取り巻く知的世界は私にとっても、は

なはだ面白くない方向に流れ出していた。各種のシステム論あるいは電子工学を基礎にしたコンピューター技術開発の方向に狂奔していたのである。私の友人たちの間でも、ひと頃、コンピューターリゼイションにまつわる「負の側面」だの「影の法則」だのといったことを盛んに議論していた人たちがいたものだが、この頃になるとサッパリそのような声も聞かれなくなってしまった。

どのような世界が望ましいか、あるいは生活の利便性をどのように求めるかなどということは、少なくともその人の好み、あるいはその人の選択性にかかっていることではある。あえて、それらのことは、その人の「主体性」にかかわるなどと大袈裟な表現をするつもりはない。ただ、技術開発やコンピューターリゼイションは人々の好悪や選択性を「越えた問題だ」――などと言われると、「生きる」に当たっての好みや選択性まで奪われてしまうような気がする。勿論、好みや選択性を越えて現在を生きるわれわれに迫るしがらみもある。そんなしがらみのうち最大のものがわれわれの「過去」というものであろう。そんな思いが、あの『過ぎ去ろうとしない過去』論争の共同翻訳に参加しようとした私の思いであった。

この翻訳グループの主宰者は、前にも述べておいたように、当時、大阪大学に所属しておられた徳永恂氏や三島憲一氏であった。これらの方々とは別に、私は関東の多くの人たちと研究会や個人的交友関係をもっていた。ある日、このような研究会であるアメリカ人の著作が問題になったものである。問題提起者は矢代梓氏（彼の本名は笠井雅洋《まさひろ》であり、実は大手出版社の編集者）であった。問題とされたのは、フランシス・フクヤマの『歴史の終わり』（一九九二年刊）という著作である。彼、フクヤマ（福山？）と名乗るからには、日系アメリカ人なのであろう。

彼、フクヤマは、アレクサンドル・コジェーヴのヘーゲル研究から基本構想を学びとったという。コジェーヴといえば、戦前からフランスおけるヘーゲル研究の第一人者であり、サルトル、メルロ＝ポンティ、バタイユらの先生格に当たる人物である。このコジェーヴは、ヘーゲル哲学をもって哲学的思考は完了したという立場をとっていた。ということは、ヘーゲルの市民社会論と国家論とでもって社会的思考は完了したという思考性なのであろう。フクヤマは、このようなコジェーヴの思考性を、ナチズムやスターリン主義的社会主義の崩壊の結果、西欧民主主義の勝利という一九九〇年代初頭の現実に当てはめる。西欧民主主義の最終的勝利によって、歴史は終わったというわけである。

矢代氏によって報告されたこのようなフクヤマの著作を、いかにもアメリカ社会の中で築きあげられた論らしく、何と大雑把で、何とオプティミスティックな内容であるかと嘲けるのはたやすかった。しかし、フクヤマの主張を越えて、現代市民社会、現代民主主義政治のもつ陥穽を突くとなると、そうたやすいことではない。だが、現代社会のもつ構造的「差別性」、あるいは現代国家のもつ陰湿な抑圧体制を批判するフランス、ドイツの現代哲学が、アメリカ的オプティミズムに対する批判の矢となっていることは間違いないだろう。

そうこうしているうちに、私は大学での仲間、研究会での友人のうち、かけがえのない二人の友人を失ってしまった。一人は東京大学の廣松渉氏であり、もう一人は早稲田大学の藤原保信氏であった。

特に廣松渉氏とは大学院時代からの友人であり、例の「寺子(小)屋」を始め様々な仕事を共同で行ってきた仲であった。彼の主たる業績は従来のマルクス解釈に新たな一頁を加えたことであろう。彼の新しい解釈としての「物象化論」がそれである。彼の「物象化論」をめぐって、「疎外論」者との間に激しい論戦が繰り広げられたことは、今なお記憶に新しい。初期マルクスの「疎外論」が終生マルクスの思想であったとする「疎外論」者たちに対して、廣松氏は、初期の「疎外論」は克服され、中期以降のマルクスは「物象化論」に立つとするものである。「疎外論」者がややヘーゲル的観念性を引きずっているのに対して、廣松氏の言う「物象化」はあくまでも「事実化」のことであり「〈事実〉に基づかない学問なんてあるわけないじゃないか」というのが彼の口癖であった。「事実性」尊重とは、いかにも理系出身（哲学科に移籍する前、彼は理学部であった）らしい彼の主張であった。

マルクス解釈は私の主たる関心ではなかったので、この論争についてはただ傍観しているだけであった。しかし、「疎外論」者はこの「疎外」が単にマルクス解釈にとどまらず、あの「鏡の中の私」論、更には演劇における観客と演出者のV字関係のように、広く文学、文化一般に適応されることになる事実をまったく度外視してしまっていたのは、残念でならなかった。また廣松氏はあの「事実性」を認めるのに「共同主観性」に立ったのはいいが、その「共同主観性」を求めるのに、旧来の日本思想家まで肯定的に取りあげる姿勢に転じたことに、私はホドホドにと忠告したことがある。

逆に廣松氏の「フランクフルト学派」に対する感想は、この学派の追求の仕方に全面的に賛成するつもりはないが、ただ彼らの追求している「権威主義批判」については、「グート胸にこたえた」とのことであった。彼が東京大学の駒場で教授をしている時、実は私も同じ駒場（の相関社会科学）で講師をしていた。彼とは大学内の談話室で、あるいは学外の最寄りの喫茶店で度重ねて話こんだ際、大学院生たちも面白がって同席したものである。その際の彼らの感想は、「お二人のカケアイ漫才的話は面白いが、廣松先生のヘビー・スモーカーぶりには閉口する」とのことであった。案の定、廣松氏はタバコにやられることになる。

彼が定年で大学を退くとすぐ、ガン手術のため某病院に入院したという話が伝わってきた。ところが、手術に入る前、ちょっとまた「一服」といってタバコを吸ったというのであるから、皆んなが呆れ返ったものである。ところが、不幸なことには彼はその手術室から生きて帰れなかったものらしい。勿論、私も取るものも取りあえず、その病院にかけつけた。一九九四年五月二二日の夕暮れ時であったように記憶している。私にとっては、三〇数年来の友人を失ったというのみならず、現代社会に対する有力な批判者を失ったという喪失感がひとしおであった。

私は長い間、各大学で現代哲学や社会思想史を講義し、ゼミナールではあの「フランクフルト学派」関連の論文を講読してきた。とまあ、こう自己紹介をすれば、一見、格好がつくようには見えるが、じつのところ私の知識には随所でボコボコ穴があいている。一八世紀末以来のドイツ観念論の系譜はまず人並みに語れるつもりだが、それ以前の知識となるとかなりアヤフヤになる。つまり、ドイツ観念論以前のイギリス経験論、あるいは大陸合理論の諸系譜となると、まずは先学の知識に頼らざるをえなかった。

幸い私の近くにはその先学たちがおられた。イギリス政治思想がヘーゲルの政治思想にどのような影響を与えたのかなどという特殊専門的知識の先学としては、藤原保信《やすのぶ》氏がその人であった。しかし、その後、私自身、イギリス思想について言及せざるをえない論文や講演の前には、必ず同氏の意見を仰ぐという慣習になっていた。同氏はにこやかなお人柄で、私が断定的にある意見を述べたりすると、そこまで言い切るほどの文献はありませんよと、やんわりとたしなめて下さったりもしたものである。その藤原保信氏が廣松渉氏の死に遅れること一週間後の、一九九四年六月五日、急逝されてしまったのである。私としては、有力な知識源のお一人が亡くなられてしまったという淋しさが、ひとしおであった。

また、あの当時は大陸合理論の系譜では、「スピノザ・ルネッサンス」とでも呼ばれるべき現象が起きていた。一七世紀オランダの哲学者スピノザの言う「一《いつ》にして全《ぜん》なるもの」、「永遠なるもの」の追求が、いかに一九世紀初頭のドイツ・ロマン派（ヘーゲル哲学まで含まれる）の思想に流れこんで行ったかは、従来からも論じられてきた。従来のスピノザ研究は彼のこの神秘主義的側面の研究であった。ところがスピノザはそのような「永遠なるもの」を渇望しつつ、自国の共和制が崩壊し、オレンジ公ウィリアム以来、中央集権的覇権国家へ移行したのを嘆き、あくまでもリベラル・デモクラシーを求めていた。このような側面のスピノザを論ずる風潮は一九八〇年代中頃か顕著になってくる。このような風潮が「スピノザ・ルネッサンス」として、世界的な文化現象となってきたのである。このような方向性の研究の先学もまた私の近くにおられた。飯島昇蔵氏である。飯島氏の発言もまた何度かお聞きし、私の知識のアナを埋める手助けになっていただいた。

これは、後になってわかったことであるが、実は、藤原保信氏も飯島昇蔵氏も、ともに早稲田大学の政経学部に所属しておられるスタッフであった。実はその両氏からお誘いがあった。早稲田大学政経学部ではドイツ観念論以後、「フランクフルト学派」に至る近現代思想史については、若干、手薄であるので、なるべく政治思想史を前面に出してその辺の思想史の講義、あるいはゼミを持ってもらえまいかという、大変有難い申し出であった。そこで喜んで御協力申し上げますと返事したものである。以後、一〇年間、飯島氏のご好意により早稲田大学政経学部にお世話になった。

私の手帳には、「一九九四年四月一五日（金）、早稲田初講義」とあり、「一九九四年六月五日（日）、アー」とあるだけである。藤原保信氏の急逝によほどアワテタらしいことが手に取るようにわかる。更に私の日記には、「一九九四年一二月一九日（月）、廣松渉、藤原保信両氏の顕彰文の提出を急いでもらうこと」とある。一九九五年度の社会思想史学会の雑誌に掲載を予定した原稿の催促である。早稲田大学のゼミでは、原典講読の後、学生たちと「フランクフルト学派」に沿った現代政治批判を時間を忘れて語り合ったものである。

第五節　ドゥルーズ、レヴィナス、ルーマンの死。そしてわが友矢代梓氏の死

二〇世紀もいよいよ押し詰まった一九九〇年代後半から数年の間、われわれの間で大いに議論を呼んだ「二〇世紀の知の巨人たち」が、次々と世を去っていった。それはまるで二一世紀という思

想にとっては無風の時代まで生き延びたくはない、と言わんばかりの逝去であった。その「知の巨人たち」とは、一人は一九九五年一一月四日に死亡したあの「リゾーム論」のジル・ドゥルーズであり、二人目は同年一二月二五日に死亡した実存的倫理性の強いエマニュエル・レヴィナスであり、三人目は一九九八年一一月六日に死亡した「社会システム論」のニクラス・ルーマンであった。

この三人のうち特にスキャンダラスに紹介されたのはフランスのあのドゥルーズであるだろう。彼が、あの「地下茎《リゾーム》」だの「中心からの逃亡」だの、あるいはまた「遊牧民的思考《ノマド》」だの、果てはまた「楽しい戦争機械」だのといった発言で、ドイツ系のわれわれ研究集団を呆れ返らせたのは、この時から一〇年ほど前のことであった。彼のこのような発言は、当時の新聞、雑誌の一部で面白おかしく伝えられたものであった。しかし、今村仁司氏らによって紹介されたこのような思想を、この日本で主体的に受けとめ、時代のトレンドにしようとした人物が果たしていたのだろうか。特に「ポスト・モダン」の時代は、「楽しい戦争機械」の時代などと聞かされると、「バカも休み休み言え！」とさえ言いたくなるほどであった。さて、そのドゥルーズも死亡した。しかも、パリの自宅アパートの窓からの飛び降り自殺であったという。何かの病苦を案じての突発的行動であったのだろうか。死者には申し訳ない言い草だが、この行動で彼はこの世からも「逃亡」してしまったことになる。

二番目のレヴィナスは八九歳の死去であったので、天寿を全うしたと言っていいのかも知れない。彼、レヴィナスは軽々しく騒々しいドゥルーズとは違って、今日のわれわれに多くのことを語りかけてくる。ロシア生まれのユダヤ人でフランスで活躍することになるレヴィナスは、まず何よりもフッサールの最後の弟子とも言うべき人物であった。現象学を直接フッサールに学んだ彼は、当然のことながら現象学的存在論者ハイデッガーからも強い影響を受ける。現象学的存在論の代表作『存在と時間』を類いまれな名著と誉《ほ》め称えながらも、レヴィナスはハイデッガーのナチスへの傾斜を許し難い錯誤として批判する。

　レヴィナス自身がユダヤ人であったからという理由はさておくとしても、彼、レヴィナスのハイデッガー批判は戦後のわれわれのハイデッガーへの対応とも重なる。その後、レヴィナスは「存在への問い」をフランス語の“Ilya”《イリヤ》（「～がある」の意味）の持つ存在者（人間）無き空しい存在一般と理解し直す。「イリヤ」の持つ単に空しいだけではなく、恐ろしいまでの空虚感、恐怖感からの脱出を求めて、彼は絶対的他者を求めて行く。彼のこの絶対的他者は、単に外的存在としての「他者」のことだけではなく、自己内で対面する「他者」でもあるとする点で、あのブロッホの「私と鏡の中の私」論的思考との類似性を示して行くことにもなる。レヴィナス後期の自分の「顔」の分析がそれである。

　以上の二人にやや遅れたニコラス・ルーマンの死も、われわれの世代にとってはやはりショックであった。というのも彼の死によってあのハーバーマスとの論争が沙汰止みになってしまったからである。既に述べてきたように、二人の論争は「社会制度論」と（生活世界論」とに二分され、なおも続けられていた。ルーマンの「社会システム論」はもっぱら「社会制度」の問題として、ハーバーマスの「コミュニケーション的行為論」は「日常的生活世界」での議論として定着するかに思われていた。しかし、ルーマンの生物をモデルにした「社会システム論」は、他からの情報をすべて雑音《ノイズ》として排斥し、自己増殖的に発展するものであった。とするなら当然のことながら、この自己増殖的に発展する「システム」は「日常的生活世界」をも侵蝕して進むはずである。一方また、ハーバーマスの「コミュニケーション的行為論の理性」は、「日常生活世界」を越えて、例えば「公共的諸制度」を支える論理としても機能するはずであった。とするなら、ルーマン的「社会システム」の論理とハーバーマス的「コミュニケーション的行為論の理性」が、この「公共諸制度」をめぐってどうぶつかりあうのかは、大きな問題になるはずだろう

これまでの日本の場合でも、いかに多く「公共性」「公共的制度」のあり方が議論されてきたことか。しかし、それらの議論のうちで、どれほどがルーマンとハーバーマスとの論理的対決を基にして話を進めてきたのだろうか。これ以上は私の専門外のことになってしまうので、詳しく論を立てることが出来ない。だが、例えば「公共的」であらねばならないとするものの一つに「法システム」があるだろう。「法システム」は「正義論」を基にしての論理整合性が無ければ「公共的法」たりえないだろう。とすると、論理的無矛盾性を誇る「法システム」が自己増殖性によって更なる展開を計ろうとする時、人々の「コミュニケーション的行為」によって形成される「公共世界」と、まったく矛盾なく合体できるものかどうか。このような議論が戦わされたことがかってあったものかどうか。私はわからない。しかし、この種の論戦の展開は、ルーマンの死によって頓挫をきたしてしまったようである。

しかし、ルーマンの死後、ルーマンの主張とは関わり無しの「人工知能」をシステム化しようとする研究、開発は加速度的に進展してくる。もともと、この研究は、①人間の知識をどこまで数量

化、機械化できるかという単純な動機から始まり、高速計算機の開発からスタートしたものであるが、②やがてこの研究は人間の脳や心の持つ情報処理能力の解明に進み、③一九九〇年代に入るや、今度はこの研究は機械化された知識、情報に基づく人間行動をどう環境と調和させて行くかという研究に進み、更には逆に環境の変化をどこまでコンピューターによる予測、制禦が可能かということにまで手を染めて行くことになる。

このような「人工知能（ＡＩ）」の研究、開発の世をあげての盛業に対して、前にも述べておいたように、ひと頃、私の友人たちも「コンピューターの影の法則」であるとか、「電子国家と全体主義」であるとか、あるいはまた「情報化社会が欠落させたもの」とかといった批判を盛んにぶつけていたものであるが、この頃になると、そのような批判の声もパ、ッ、タ、リと跡絶えてしまった。二一世紀に入り、この傾向がパソコン化、携帯化してくるようになるや、今更、批判がましいことを並べたって仕方がない、それより、便利だから持つことにしようということになったのであろう。実は、サンザンこの種の傾向に批判がましいことを書き並べてきた私自身も、最新のパソコンを持っている（笑）。勿論、便利ではあるが、パソコンの表示する情報に引きずられることはないつもり（笑）だが……。

二〇世紀を締め括るに当たって、もう一人、私の大切な友人の逝去について聞いてもらわなくてはならない。彼の本名は笠井雅洋《まさひろ》という、矢代梓《やしろあずさ》のペンネームで多くの著作をものにしながら、われわれの良き論争仲間でもあった。私と同僚の手川誠士郎氏とが、フッサール、ハイデッガー、ホルクハイマーら一九三〇年代の問題を孕む思想家群の研究会を続けていたのは、一九六〇年代末から七〇年代にかけてのことであった。あの時、矢代梓氏にも忙しい時間を割いて参加してもらい、特にナチスへの入党時代のハイデッガーの二論文を翻訳してもらった。その成果は、「平凡社ライブラリー」の一冊『三〇年代の危機と哲学』（一九九九年出版）に収められ、今日に至るも版を重ねている。

その矢代氏がガンの疑いで入院した初期には、何と点滴の針を引き抜いて病院を抜け出し、非常勤の諸大学への講義に出かけていたそうな。担当医師からの苦言を聞いて、私は何と無謀なことをする、まず健康回復が第一だろうと諭《さと》したことがある。ところが、再三病院を訪問するうちに、彼の頭部が薬のために異様にふくれあがってくるようになり、段々口数も少なくなってきたのを見て、私は心の内で泣いたものである。彼の死は、一九九九年三月一七日。死因は喉頭ガンであったとのこと。二一世紀が始まる一年数ヶ月前のことであった。

思想の面では当初から非常に多彩であり、良くも悪くもダイナミックであった二〇世紀に比べて、二一世紀はどのような世紀になるのであろうか。それにしても、ハーバーマスの言った長かった一九世紀に比べて、短かった二〇世紀という言葉が思い出されてならない。二〇世紀は第一次世界大戦による伝統社会の崩壊から始まって、新しい試みであったファシズムの終焉（一九四五年）、それに社会主義の崩壊（一九八九年）というわずか七〇年ほどの歴史で幕を下ろしてしまったからである。

終章　テロとともに始まった二一世紀

二一世紀はどのように明けたのであろうか。おそらく、多くの人は二〇〇一年九月一一日の事件で、TVの前に釘付けになったのではあるまいか。あの時、アメリカは史上最悪のテロ攻撃に見舞われていた。ジェット旅客機四機がハイジャックされ、標的に突っこみ、三〇〇〇人近くが死亡したと言われている。

そのうち二機がニューヨーク上空に飛来したところから、TV放映が始まった。テロリスト達は手製の爆弾でも投げつけるのかなと見ていたところ、何と、二機ともワールド・トレード・センターの高層ビルに次々と突入したのである。突入された高層ビルの上層部分が火を吹き出した。中層、下層の住民は急いで逃げろ！と、手に汗を握ってみていると、何とあの高層ビル全体が崩壊してしまった。脆いものであった。

かって私はニューヨーク・ホウフストラ大学で客員教授をしていた時、あのワールド・トレード・センターは日本人ミノル・ヤマザキの設計になるものだと聞き、訪れたことがある。瀟洒な広場に立っているにしては、機能一点張りの何だか無趣味なビルだなと感じたものであった。高さはこのビルに抜かれてしまったが、あの鉛筆型のエンパイア・ステート・ビルの方が、何となく情緒があって好きな建物であった。もっともそれは、あのビルの八〇何階かにあった売店階で、日本からの商品が数多く並べられていたことへの好意的反応であったのかも知れないが。

それにしても四〇〇メートル超のあのワールド・トレード・センタービルがあれほど脆く崩れ落ちてしまうとは！　あれこれ考えているうちに、ハイジャックされた他の旅客機は何と、ワシントンＤＣ近郊のペンタゴンに突入したではないか。こちらのＴＶ映像にも口《くち》アングリであった。二一世紀はまさにこの映像とともに始まったといっていいのかも知れない。後で聞いたところによると、犯人たちはアフガンのテロ組織であったという。主導者と思われるオサマ・ビン・ラディンなる人物は、この事件から一〇年後の二〇一一年五月二日、米軍によって殺害されて終わる。

二一世紀はこの事件に象徴されるように、壮絶なテロに始まり、テロ撲滅への関心に終始して始まったようである。以後、東欧、近東、北アフリカ諸国の社会主義寄りの独裁国家が次々と崩壊する事態になる。二〇〇二年二月に、社会主義ユーゴスラヴィアのミロシェビッチ大統領が失脚し、裁判にかけられて、死亡。続いて二〇〇六年一二月、イラクのサダム・フセイン独裁政権の崩壊。更に数年後の二〇一一年一月二なると、親アラブ、反欧米政策を訴えて登場していたチュニジアのベンアリー政権が壊滅する。同年一〇月になると、明確に反欧米の立場をとって北アフリカ諸国をリードしてきた感のあるリビアのカダフィ政権が崩壊し、そのドサクサにまぎれてカダフィも殺害されて終わる。

さて、以上のような国際的動向の中で、ＴＶ映像の中で、テロ組織が摘発され、破壊される度毎に、人々は拍手喝采を送る。偉そうなことは言うまい。かく言う私もまたその一人である。とは言え、このような状況の中で、かねてからその持論を更に発展させてもらいたいと思っていた二人のアメリカ人思想家が、またもや相次いで世を去ってしまい、私としても呆然とせざるをえなかった。

そのアメリカ人思想家の一人は、J・B・ロールズ（二〇〇二年死去）である。彼、ロールズの『正義論』（一九七一年）は、ひと頃、日本でも盛んに問題とされたものであった。この著作において、彼は近代西欧思想の伝統である「社会契約論」を現代的に再構築し、この立場から「公正性」としての「正義」を主張したものである。しかし、「社会契約論」を原則として是認してみても、現実社会に通用している価値観は「契約」になじまないものも多くあるはずだし、また例えば実際の立法処置での弱者救済処置などは「契約」とは別の価値観に基づくもののはずである。あるいはまた、「社会契約論」などまったく受けつけないアラブ諸国とどう向き合おうとするのか、などというテーマについてももっと議論してほしかったと思う。

もう一人のアメリカ人思想家とは、R・ローティ（二〇〇七年死去）のことである。彼はいかにもプラクマティックなアメリカ人らしく、主著『哲学と自然の鏡』によると、人間の心には、いかなる意味でも不動の「鏡」（「本質」「規範」？）などというものは存在しないと説く。したがって、いかなる文化も不動の特権的権利を主張できるものはないとまで言う。いかにもネオ・プラクマティストの発言ではある。だが、その立場から近代の理念とされてきた「人権」だとか「自由」あるいは「民生」といった諸理念もまた欧米に特有の諸価値であり、他の文化圏では無価値と言い切れるのであろうか。彼、ローティ自身も日本における彼の研究者も、この種の問いにストレートに答えてくれる人はいなかった。

いかなる文化も特権的権利を主張できない——このような主張は、一応、もっともではあると思う。では、自国アメリカの居丈高の対アラブ政策は間違っているという批判を、彼と彼の信奉者たちが声をあげたことがあるのだろうか。こういったことが一向に聞き出せないままに、一〇数年が過ぎてしまったようである。

さて、日本を含めた欧米型市民社会《シヴィル・ソサイアティー》を生きる者にとって、旧社会主義社会に対する批判的考察は、単なる揶揄まで含めるとおびただしい数にのぼっている。勿論、われわれの社会に現存する旧来の「権力」「権威」意識に対する批判的考察とて同じく多くの数にのぼっている。

しかし、われわれの生きるこの市民社会、後期資本制社会だとて、手放しで礼賛できるような社会ではないはずだ。現に、各国で広がっているポピュリズムは市民社会を蝕む大きな病因の一つであろう。民衆の意図を汲むことと、ポピュリズムとの間の境目はない。こんなことは、あの古典古代のギリシア政治以来、悲しい常識とさえなっているはずである。民主制、議会制（党の代議員制であれ）と言いながらも、ポピュリズムによる専制政治化は、今日、かなりの国々で見られる現象ではあるまいか。

そしてまた、われわれの市民社会の孕む問題を考えるに当たって、最後に、再びハーバーマスの発言に耳を傾けざるをえない。

彼は、かって『公共性の構造転換』（原著は一九六二年、邦訳は一九七三年）という著作において、市民社会成立期の市民の「要求」を論じたものであった。彼は言う。かっての閉鎖的な「サロン」

や「クラブ」に代わって、市民達が誰でも出入りのできる、そして誰とでも話のできる「喫茶店《コーヒーショップ》」で声高に議論しあったのは、専制政府に対して「開かれてあること《エッフェントリッヒカイト》」であった。この「開かれてあること」を求める声は、政治の「公共性」を求める声になって行った。そして遂に、市民達は政治の「公共性」、つまり「開かれてあること」の実現に成功したではないか。しかし、近代が進むにつれ、特に二〇世紀に入ると、政党、さまざまな利益集団（巨大企業など）或いは強大なジャーナリズム等が自己主張をし始め、市民たちが求めていた「公共性」＝「ひらかれてあること」の実質がゆがめられてしまった。だからこそ、ここで再びかって「開かれてあること」の要求が持っていた批判的機能を復活させなければならない、というものであった。

　勿論、ハーバーマスのこのような主張に私としても異論のあろうはずはない。しかし、ハーバーマスは、これまでも紹介してきたように、日本の観光名所の見学で、どうしようもない文化の差異性、つまり、開かれてあっても容易に踏み込めない領域に直面し、ビックリし、自覚したはずである。他文化との差異性ばかりでなく、一つの文化圏においても数々の差異性（差別性）がある。例えば、日本の相撲におけるあの「土俵」は今もって女人禁制なのだそうであるが、この点についてはフェミニストたちの非難に私も同意する。相撲は誰しも観戦できる「開かれた」空間であったではなかったか？　おそらくこの種の差異性（差別性）は、今日もなお日本のいたる所に存在しているだろう。しかし、地元の人々が彼らなりに禁忌の「聖域」として女人禁制にしている場所に、どこまで「公共性」で公開を迫ることが出来るのだろうか。これらのことについて、ハーバーマスと更に討論を続けたかったのであるが、残念ながら、あの時はその時間的ゆとりがなかった。

むずかしいことを結論にもってくるつもりはない。以上あげてきた現代の諸問題にどう対処するかを思い悩む時、「術語集」や「思想事典」を紐解いて解決の道を見出すなどということがありうるだろうか。われわれはこの日本的現実の中で感じ、かつ、思い悩んでいるのである。「思想事典」の中で並べられている思想のうち、どれを取るかで迷っているなどというのは、よほどオメデタイ人物であるだろう。今、「平成」という二一世紀のある時期が終わろうとしている。この時代は、どれだけの「生きられた思想」を、「体験《エルレーベン》し、紡ぎ出した思想」を持ちえただろうか。この「平成」という時期は、あの「大正」期十五年の倍の長さを持ったにも拘わらず、「大正」期の誰しもが感ずる「大正期らしい生きられた思想」に匹敵するものを、生み出さなかったのではあるまいか。

結局、これまで述べてきた戦後思想家たちとのやりとりも、われわれの世代が「体験」を通して更に深めたいと思った「思い」の記録、あるいは集積になってしまった。したがって、「戦後思想の記録」といいながら、多くの思考性、多くの問題を見落としてきてしまったと思う。読者諸賢も、何卒、そのことをご理解いただき、ご諒恕《りょうじょ》いただきたい。

あとがき

ハイデッガーの中期の作品に、ヘルダーリンの詩の中に忘れられようとしている「聖なる言葉」を見い出し、彼を「乏しい時代の（偉大な）詩人」と呼んだ作品がある。むずかしい話をするつもりはない。一九世紀初頭を生きたヘルダーリンは、期待に反して、狂気に陥り、その後四〇年を幽閉された生活で終わることになった。狂気に陥る精神状態であったからこそ、彼は世俗的な何物にも目を向けることなく、ひたすら「聖なるもの」「聖なる言葉」を追い求めたのであろう。ハイデッガーにとって、ヘルダーリンの詩が魅力的であったのは、時代そのものが功利的なものだけで動いている時代、つまり精神の乏しく、貧しい時代にあって、ひたすら「聖なるもの」を求めて死んで行った詩人であったからである。では、ハイデッガーにとって「聖なるもの」とは何かと問い出せば、これまで論じてきた「生きられた思想」と同様、ややこしい問題に入りこんでしまうので、止めにする。

今日、町を歩きながら、電車に乗りながら、人々はスマートフォンにしがみついている。そこに表示されているのは、主婦にとっては安目のコンビニであり、ＯＬにとってはインスタグラムの美しい写真であり、サラリーマンにとっては手頃なレストランであり、居酒屋である。学生たちにとっては授業で聞いた人名や事件はうろ覚えでも、検索すればスマートフォンがバッチリと表示してくれる。このような学生たちに向かって、「体験を通して紡ぎ出された思想」などと言えば、「何ですか、それ？」といった怪訝《けげん》そうな顔付きが返って来るだけのことであろう。

こういった若者たちによって、現代のいわゆる民主主義政治は成り立っている。しかも、現代の民主主義政治は、いわゆる「ポピュリズム」（大衆迎合主義）の傾向を強めて来ているとも言われている。残念なことながら、「民主主義」と「ポピュリズム」とを分かつ基準などは、原則的には無い。とは言え、これまで本文で語って来たような時代には、政治が単なる「ポピュリズム」に陥る危険性のある時には、何かと対抗運動が起こったものであった。だが、このようなＡＩとスマートフォンの時代は、そのような気配さえ無い。

世をあげての「ポピュリズム」の果てには何があるのか。これまでの本文の記述をもう一度思い返していただきたい。社会主義体制は内的に自壊したのだが、ファシズムは軍事的外圧によって潰されただけであって、自壊したのではない。したがって、私たちの生きるこのいわゆる民主社会でも、いつ何時《なんどき》、過去の悪夢が蘇ってこないとも限らない。とは言え、スマートフォンにしがみつき、近道と運賃の安い旅程を求めて幸せを感じている世代にとって、悪夢も甘夢も同じことか。ま、ザットこのような憎まれ口を友人たちとタタキ合いながら成ったのが、本書というわけである。

手前勝手なこのような原稿をよく読んで下さり、彩流社の思想書群の一冊に加えて下さった社長竹内淳夫氏には、何とお礼を申し上げてよいやら、その言葉さえ見つからないほどである。

平成が終わろうとし、未だ次の時代が見えない頃

著者記す

〔著者紹介〕

清水多吉（しみず　たきち）立正大学名誉教授。

東京大学卒業、東京大学大学院修士課程修了、立正大学教授、ニューヨーク・ホウフストラ大学客員教授、東京大学、名古屋大学、静岡大学、早稲田大学、神奈川大学、立教大学、法政大学で非常勤講師、社会思想史学会会長を歴任。

著書：『戦争論入門』（日本文芸社、1974 年）、『ヴァーグナー家の人々——三〇年代バイロイトとナチズム』（中公文庫、1999 年）、『西周——兵馬の権はいずこにありや』（ミネルヴァ書房、2010 年）、『１９３０年代の光と影　増補』（河出書房新社、1986 年）、『クラウゼヴィッツと戦争論』（共編著、彩流社、2008 年）、『ベンヤミンの憂鬱』（筑摩書房、1984 年）ほか。

訳書：クラウゼヴィッツ『戦争論』（中公文庫ビブリオ、2001 年）、ユルゲン・ハーバーマス『史的唯物論の再構成　叢書・ウニベルシタス』（共訳、法政大学出版局、2000 年）、ユルゲン・ハーバーマス『討議倫理』（共訳、法政大学出版局、2005 年）、M. ハイデッガー 他『３０年代の危機と哲学』（共訳、平凡社ライブラリ、1999 年）、ユルゲン・ハーバーマス『社会科学の論理によせて』（共訳、国文社、1991 年）ほか、多数。

語《かた》り継《つ》ぐ戦後《せんご》思想史《しそうし》

2019 年 1 月 25 日　初版発行　　　定価は、カバーに表示してあります

著者　清水多吉

発行者　竹内淳夫

発行所　株式会社　彩流社

〒 102-0071　東京都千代田区富士見 2-2-2

TEL 03-3234-5931 FAX 03-3234-5932

ウェブサイト　http://www.sairyusha.co.jp

E-mail　sairyusha@sairyusha.co.jp

印刷　㈱モリモト印刷

製本　㈱難波製本

装幀　渡辺将史

ISBN 978-4-7791-2556-0 C0021